日蓮正宗　勤行要典の解説

発刊に当たって

本宗の信仰修行の基本は朝夕の勤行です。それ故に、勤行において読誦《どくじゅ》する方便品と寿量品の文意、そして御観念文の意味を知ることは、本宗僧俗にとってたいへん重要です。

宗内においては、これまでにも勤行要典に関する解釈書がいくつか出版されてきましたが、それらは初心者にとって難解なものであったり、逆に簡略に過ぎるもの、あるいは達意《たつい》的な解釈に偏《かたよ》ったものなど様々でした。そこで本書では、それらを改めるかたちで、より解《わか》りやすく、正確な解説をするよう心掛けました。

なお、経文については教相上の通釈にとどめ、文底下種仏法の深義《じんぎ》による解釈にまでは立ち入っていないことを付記します。

本書が、読者各位の信心の深化と行学増進の一助となることを期待してやみません。

平成二十年三月二十八日

日蓮正宗宗務院

目次

凡　例

一、本文中に引用した文献名には略称を用いた。文献の略称および書名は次のとおり。

御　　書　―　平成新編日蓮大聖人御書（大石寺版）
法 華 経　―　新編妙法蓮華経並開結（大石寺版）
六 巻 抄　―　六巻抄（大石寺版）
文　　段　―　日寛上人御書文段（大石寺版）
文句会本　―　訓読法華文句記会本（富士学林版）
止観会本　―　訓読摩訶止観弘決会本（富士学林版）

勤行について

勤行とは

勤行とは「勤《つと》めて善法《ぜんぽう》を行う」ことであり、仏前でお経を読み、礼拝《らいはい》供養することをいいます。

日蓮正宗においては、御本尊に向かって、法華経の方便品第二と如来寿量品第十六を読誦し、南無妙法蓮華経の題目を唱えることをもって勤行とします。

この勤行は一日に朝と夕の二回行い、御本尊に対して仏法僧の三宝への報恩謝徳を申し上げ、また広宣流布などの諸願成就《じょうじゅ》を祈念し、さらに先祖の追善供養などを行います。これを毎日、真心を込めて実践することによって、私たちは成仏という本当の幸福境界《きょうがい》に到達することができるのです。

勤行の時に方便品と寿量品を読むのは、日蓮大聖人が『月水御書《がっすいごしょ》』に、

「法華経は何《いず》れの品《ほん》も先に申しつる様《よう》に愚かならねども、殊《こと》に二十八品の中に勝れてめでたきは方便品と寿量品にて侍《はべ》り。余品は皆《みな》枝葉にて候《そうろう》なり。されば常の御所作《しょさ》には、方便品の長行《じょうごう》と寿量品の長行とを習ひ読ませ給ひ候へ」（御書三〇三ジ）

と仰せのように、この両品が法華経の迹門（前半十四品）と本門（後半十四品）の中心として勝れた意義と功徳を持っているからです。

第二十六世日寛上人の『当流行事抄』に、

「開山已来化儀化法、四百余年全く蓮師の如し。故に朝暮《ちょうぼ》の勤行は但《ただ》両品に限るなり」

（六巻抄一九三ジ）

とあるように、本宗においては御開山日興上人の時代から今日に至るまで、宗祖日蓮大聖人と同じように両品を読誦してきたのであり、この勤行が本宗修行の根本であることが解ります。

正行と助行

仏教の修行には正行と助行があります。本宗における正行とは南無妙法蓮華経の題目を唱えることで、助行とは方便品と寿量品を読誦することです。助行は正行の題目の功徳を助け顕《あらわ》すために行います。この助行には、傍《ぼう》と正《しょう》があり、方便品の読誦が傍、寿量品の読誦が正です。

正行と助行の関係について、日寛上人は『当流行事抄』に、

「当門所修の二行の中に、初めに助行とは、方便寿量の両品を読誦し、正行甚深《じんじん》の功徳を助顕す。譬《たと》えば灰汁《あく》の清水を助け、塩酢《えんそ》の米麺《まいめん》の味を助くるが如し。故に助行と言うなり」（六巻抄一六一ページ）

と、方便品・寿量品の読誦は、例えば洗濯をするときに洗剤を加えて水の助けとしたり、調味料が食べ物の味を引き立たせるようなものであると仰せです。

方便品読誦の意義

方便品の読誦には、所破・借文《しゃくもん》の二義があります。方便品には寿量顕本以前の体外《たいげ》の方便品と、

寿量顕本以後、本門に包摂された体内の方便品とがあり、本宗で読誦する方便品は、体内の意です。

①所破のため……一念三千の出処は方便品の十如実相の文であるが、ここで説かれる一念三千の義は、迹門で明かす始成正覚《しじょうしょうがく》の仏の教法であるため、本門の立場よりこれを破る。

②借文のため……久遠元初《くおんがんじょ》の事《じ》の一念三千を助け顕すために、方便品の十如実相などの文を借りる。

寿量品読誦の意義

寿量品の読誦には、所破・所用《しょゆう》の二義があります。寿量品には文上《もんじょう》顕本と文底顕本の両種があり、文上は五百塵点劫《じんでんごう》における久遠本果の成道を顕《あらわ》し、文底は久遠元初の成道を顕します。このうち文上には体内・体外《たいげ》の二意があります。体外の寿量品は、久遠元初を知らずに久遠本果の成道をもって本地自行とする立場であり、体内の寿量品は、久遠本果の成道を久遠元初の本仏の垂迹化他と見る立場です。本宗で読誦する寿量品は、このうち体内の寿量品と文底の寿量品です。

①所破のため……五百塵点劫に成道した仏を本果の垂迹仏と見て、これを説き顕した体内の文上寿量品を破る。

②所用のため……正行である題目の甚深の功徳を助け顕すために、久遠元初の本地を顕す文底の寿量品二千余字（内証の寿量品）を用いる。

- 助行
  - (傍)方便品読誦
    - 体外
    - 体内
      - 義(所破)
      - 文(借文)
  - (正)寿量品読誦
    - 文上顕本
      - 体外
      - 体内(所破)
    - 文底顕本(所用)
- 正行――唱題

勤行の姿勢と心構え

勤行は、御本尊をはじめとする三宝に報恩謝徳申し上げるとともに、祈念と回向をする重要な儀式です。それ故、きちんとした身なりと節度ある態度で臨むことが大切です。また御本尊に向かうときは姿勢を正し、胸の前で合掌して、御本尊の中央の「南無妙法蓮華経　日蓮」のお文字を拝します。このとき「妙」の字を中心に拝することを基本とします。

唱題の心構えについては、第五十九世日亨上人が、

「御題目《おだいもく》の唱へ方は、身に油断怠《ゆだんおこた》りなきよう、意《こころ》に余念雑念なきようにありたい、口より出《だ》す声は早口《はやぐち》であったり粘口《ねばぐち》であったりしてはならぬ、落着《おちつ》いて確固《しっかり》と尻強《しりづよ》に中音に唱へねばならぬ、

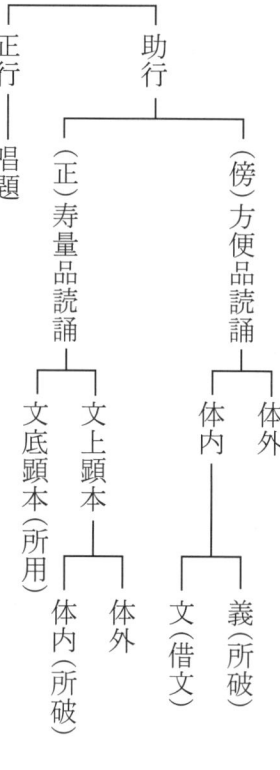

唱ふる数には定まりがない、多くとも少《すくな》くとも其《その》人の都合《つごう》であるが、身体《からだ》の方は両の指掌《て》を合《あわ》せて指先が鼻の下に向くように、眼は確かに御本尊に向ふように、其《そう》して身体中が歓喜《よろこび》で踊躍《ぞくぞく》するようにありたい、御本尊と吾等《われら》と一体不二に成《な》るまで励まねばならぬ」（日蓮正宗綱要一三四ジー）と仰せです。

本宗僧俗は、音吐《おんと》朗々と真心を込めて勤行を実践し、「朝々《ちょうちょう》仏と共に起き、夕々《せきせき》仏と共に臥《ふ》す」（御義口伝・御書一七四九ジー）の金言の如く、御本尊へのお給仕と勤行を生活の中心に据え、御本尊の広大無辺なる功徳に浴した人生を送ることができるよう努めることが大切です。

五座の形式と意義

総本山大石寺では、御開山日興上人以来、歴代の御法主上人により、一日も欠かすことなく丑寅《うしとら》勤行が行われ、広宣流布の祈念がなされています。

勤行の形式は当初、天壇（諸天供養を行う所）、本堂、御影《みえい》堂、客殿等の順に読経・唱題が行われていましたが、江戸時代の初期より、客殿一カ所で五座の形式をもって行われるようになり、現在に至っています。

日寛上人は勤行の形式について、金沢信徒の福原式治氏への書状に、

「若《も》し堪《た》えたらん人は本山の如《ごと》く相勤《あいつと》むべし、若《も》し爾《しか》らずんば十如、自我偈、題目なりとも五座三座の格式相守《あいまも》るべし」

と、五座三座の形式を守るように御指南されています。

なお、夕の勤行においては、諸天善神に法味を捧げる初座と、自らの祈念を行う四座を除きますが、これは夕の勤行が下種三宝尊の御加護によって一日を無事に過ごさせていただいたことへの報恩謝徳の勤行であるからです。

〔初座〕諸天供養

初座では、正しい仏法とその信仰者を昼夜にわたって守護している諸天善神に対し、東天に向かって方便品と自我偈を読み、引き題目を唱えて法味を捧げます。法華経安楽行品に、

「虚空《こくう》の諸天、法を聴《き》かんが為《ため》の故に、亦《また》常に随侍《ずいじ》せん（中略）諸天昼夜に、常に法の為《ため》の故に、而《しか》も之《これ》を衛護《えいご》し、能《よ》く聴く者をして、皆《みな》歓喜することを得《え》せしめん」（法華経三九六ページ）

とあり、『平左衛門尉頼綱への御状』に、

「一乗妙法蓮華経は諸仏正覚の極理《ごくり》、諸天善神の威食《いじき》なり」（御書三七三ページ）

とあるように、諸天善神は正法の法味、すなわち文底下種の南無妙法蓮華経を食することによって威光を盛んにし、衆生・国土を守護する力が強くなるのです。故に、初座で諸天善神に対し法味を捧げ、その威光の倍増を祈るのです。

〔二座〕本尊供養

二座では、久遠元初の御本仏の当体である独一本門戒壇の大御本尊に対し奉り、その偉大な功徳を讃歎し、報恩謝徳を申し上げます。

〔三座〕三師供養

三座では、一切衆生の主師親である末法の御本仏・宗祖日蓮大聖人を讃歎し、報恩謝徳を申し上げます。続いて第二祖日興上人、第三祖日目上人、第四世日道上人、第五世日行上人等、血脈付法の歴代の御法主上人に報恩謝徳を申し上げます。

〔四座〕広宣流布祈念・その他の祈念

四座では、まず広宣流布の祈念をします。これは御本仏の大願である広宣流布の達成に向けて、私たちが折伏弘教に精進することをお誓いするものです。

次に、自分自身の無始以来、犯《おか》してきた謗法罪障の消滅と信心倍増、さらには無事息災等、諸々《もろもろ》の祈念を行います。

〔五座〕回向《えこう》

五座では、先祖ならびに有縁《うえん》の精霊《しょうりょう》への追善回向を行います。追善回向とは、読経・唱題の功徳を先祖に対して回《めぐ》り向かわしめることです。先祖が成仏するのも、地獄の苦にあうのも、法の正邪によるのですから、私たちが末法下種の大法である本門の本尊に向かって精霊の成仏を願うことこそ、唯一無二の追善供養になるのです。

最後に「乃至法界平等利益自他倶安同帰寂光」と観念し、題目三唱して勤行を終了します。この文は、法界の有情《うじょう》・非情のすべてが、南無妙法蓮華経の功徳に浴し、皆が平等に成仏得道して寂光土に帰するように願うものです。

なお、初座から四座までは引き題目を唱えますが、これには唱題の功徳を一天四海乃至、法界全体に遍満させるとともに、化他・折伏の意義から、九界の一切を妙法の大功徳へと誘引して利益するという意味があります。

方便品第二

妙法蓮華経方便品第二

爾時世尊《にじせそん》。従三昧《じゅうさんまい》。安詳而起《あんじょうにき》。告舎利弗《ごうしゃりほつ》。諸仏智慧《しょぶつちえ》。甚深無量《じんじんむりょう》。其智慧門《ごちえもん》。難解難入《なんげなんにゅう》。一《いっ》切声聞《さいしょうもん》。辟支仏《ひゃくしぶつ》。所不能知《しょふのうち》。所以者何《しょいしゃが》。仏曽親近《ぶつぞうしんごん》。百千万億《ひゃくせんまんのく》。無数諸仏《むしゅしょぶつ》。尽行諸仏《じんぎょうしょぶつ》。無量《むりょう》道法《どうほう》。勇猛精進《ゆうみょうしょうじん》。名称普聞《みょうしょうふもん》。成就甚深《じょうじゅじんじん》。未曽有法《みぞううほう》。随宜所説《ずいぎしょせつ》。意趣難解《いしゅなんげ》。

【訓読】

爾《そ》の時《とき》に①世尊《せそん》、②三昧《さんまい》より、安詳《あんじょう》として起《た》って、③舎利弗《しゃりほつ》に告《つ》げたまわく、諸仏《しょぶつ》の智慧《ちえ》は、甚深無量《じんじんむりょう》なり。其《そ》の智慧《ちえ》の門《もん》は、難解難入《なんげなんにゅう》なり。一切《いっさい》の④声聞《しょうもん》、⑤辟支仏《ひゃくしぶつ》の知《し》ること能《あた》わざる所《ところ》なり。所以《ゆえ》は何《いか》ん。仏《ほとけ》曽《かつ》て、百千万億《ひゃくせんまんのく》無数《むしゅ》の諸仏《しょぶつ》に親近《しんごん》し、尽《ことごと》く諸仏《しょぶつ》の無量《むりょう》の道法《どうほう》を行《ぎょう》じ、⑥勇猛精進《ゆうみょうしょうじん》して、名称《みょうしょう》普《あまね》く聞《きこ》えたまえり。甚深《じんじん》⑦未曽有《みぞう》の法《ほう》を成就《じょうじゅ》して、宜《よろ》しきに随《したが》って説《と》きたもう所《ところ》、意趣《いしゅ》解《げ》し難《がた》し。

【通釈】

その時に、世尊は無量義処三昧という深い冥想《めいそう》から、真実の智慧をもって、ゆったりと厳《おごそ》かに起ち上がり、智慧第一の舎利弗にお告げになった。

「あらゆる仏が有する真実の智慧は、はるかに深遠であって無量である。その智慧の門は、実に難解であって入りがたい。すべての声聞や辟支仏には、けっして知ることのできないものである。その理由はなんであろうか。仏は、過去において百千万億もの無数の諸仏のもとで間近く仕え、それぞれの仏の持つ無量の仏道の法をことごとく行じ、意志堅固に、勇んで精進を重ねてきた。そしてその崇高な名声は、一切に聞こえわたったのである。このように、はるかに深遠で、いまだかつてない法を成就して悟りを得、時や衆生の機根に応じて、様々に説いてきたのであるから、その真意や意向は、実に理解しがたいということである。

【語句解説】

①世尊……仏の異称、釈尊のこと。
②三昧……無量義処三昧のこと。
③舎利弗……釈尊の十大弟子の一人で、智慧第一といわれた。
④声聞……四諦（苦・集・滅・道）の法を観ずる修行によって阿羅漢果を得た者のこと。
⑤辟支仏……縁覚・独覚ともいう。十二因縁（無明・行・識・名色・六入・触・受・愛・取・有・生・老死）の法を観じ、あるいは飛花落葉等の他の縁によって真理を悟った者のこと。
⑥勇猛精進……勇ましく強い心を持って、ひたすら仏道修行に励むこと。
⑦未曽有の法……未《いま》だ曽《かつ》て説かれたことのない勝れた教法。

舎利弗《しゃりほつ》。吾従《ごじゅう》成仏已来《じょうぶついらい》。種種因縁《しゅじゅいんねん》。種種譬喩《しゅじゅひゆ》。広演言教《こうえんごんきょう》。無数方便《むしゅほうべん》。引導衆生《いんどうしゅじょう》。令離諸《りょうりしょ》著《じゃく》。所以者何《しょいしゃが》。如来方便《にょらいほうべん》。知見波羅蜜《ちけんはらみつ》。皆已具足《かいいぐそく》。舎利弗《しゃりほつ》。如来知見《にょらいちけん》。広大深遠《こうだいじんのん》。無量《むりょう》。無《む》礙《げ》。力《りき》。無所畏《むしょい》。禅定《ぜんじょう》。解脱《げだつ》。三昧《さんまい》。深入無際《じんにゅうむさい》。成就一切《じょうじゅいっさい》。未曽有法《みぞううほう》。

【訓読】

舎利弗《しゃりほつ》、吾成仏《われじょうぶつ》してより已来《このかた》、種種《しゅじゅ》の因縁《いんねん》、種種《しゅじゅ》の譬喩《ひゆ》をもって広《ひろ》く言教《ごんきょう》を演《の》べ、無数《むしゅ》の①方便《ほうべん》をもって衆生《しゅじょう》を引導《いんどう》して、諸《もろもろ》の著《じゃく》を離《はな》れしむ。所以《ゆえ》は何《いか》ん。如来《にょらい》は方便《ほうべん》、知見波羅蜜《ちけんはらみつ》、皆已《みなすで》に具足《ぐそく》せり。舎利弗《しゃりほつ》、如来《にょらい》の知見《ちけん》は、広大深遠《こうだいじんのん》なり。②無量《むりょう》、③無礙《むげ》、④力《りき》、⑤無所畏《むしょい》、⑥禅定《ぜんじょう》、⑦解脱《げだつ》、⑧三昧《さんまい》あって、深《ふか》く無際《むさい》に入《い》り、一切《いっさい》未曽《みぞ》有《う》の法《ほう》を成就《じょうじゅ》せり。

【通釈】

舎利弗よ、私は成仏してからこれまでの間、様々な物事の因縁の相や様々な譬喩を用い、広く言辞をもって教えを演説するなど、無数の方便を用いて衆生を仏道へと誘導し、物事へのあらゆる執着から解放させてきた。それはどうしてかといえば、如来は人々を仏道へ導くための巧妙な方便と、真実の悟りに到達する智慧の一切を具え持っているからである。舎利弗よ、如来の真実の智慧は、まことに広大で限りなく、深遠にして極まることがない。したがって衆生の教化における、苦を抜き楽を与える四つの無量心、弁舌にさまたげなき四つの無礙、金剛のような十種の智力、説法に際して畏れなき四つの無所畏、心を一所に定めて静かに真理を思惟《しゆい》する四つの禅と四つの定の境地、悟りの境地に達すべき禅定法たる八つの解脱、三つの三昧を有して、深く際限のない境地に入り、一切にわたって、いまだかつてない法を成就したのである。

【語句解説】

①方便……衆生を教化するために用いる仮りの教え。真実の教法に導くために用いる巧みな手段のこと。

②無量……慈無量心・悲無量心・喜無量心・捨無量心の四無量心のこと。

③無礙……法無礙・義無礙・辞無礙・楽説《ぎょうせつ》無礙の四無礙のこと。

④力……仏の具有する知是処非処智力・知三世業報智力・知諸禅解脱三昧智力・知諸根勝劣智力・知種々解智力・知種々界智力・知一切至処道智力・知天眼無礙智力・知宿命無漏智力・知永断習気《じっけ》智力の十種の智力のこと。

⑤無所畏……一切無所畏・漏尽無所畏・説障道無所畏・説尽苦道無所畏の四無所畏のこと。

⑥禅定……禅定とは、心を一処に定めて散乱させず、煩悩を断《た》って深く真理を思惟《しゆい》すること。禅には四禅、定には四定がある。四禅は欲界を離れて色界の四禅天に生じさせる初禅・二禅・三禅・四禅の四つの禅、四定は色界から無色界へと導く、空無辺処定・識無辺処定・無所有処定・非想非非想処定の四つの定のこと。さらに小乗には観練薫修の禅、大乗には百八三昧等がある。

⑦解脱……煩悩の束縛から解放され、生死の迷いの苦から脱すること。三界の煩悩を断って、その繫縛《けばく》から離れる八種の禅定、すなわち内有色相外観色・内無色相外観色・浄背捨身作証・虚空処・識処・無所有処・非想非非想処・滅受想処の八つを八解脱、または八背捨という。さらに大乗の解脱としては、自他一切の繫縛を離れ、教導自在等の意がある。

⑧三昧……空三昧・無相三昧・無願三昧の三三昧のこと。

舎利弗《しゃりほつ》。如来能種種分別《にょらいのうしゅじゅふんべつ》。巧説諸法《ぎょうせっしょほう》。言辞柔軟《ごんじにゅうなん》。悦可衆心《えっかしゅしん》。舎利弗《しゃりほつ》。取要言之《しゅようごんし》。無量無辺《むりょうむへん》。未曽有法《みぞううほう》。仏悉成就《ぶっしつじょうじゅ》。止《し》。舎利弗《しゃりほつ》。不須復説《ふしゅぶせつ》。所以者何《しょいしゃが》。仏所成就《ぶっしょじょうじゅ》。第一希有《だいいちけう》。難解之法《なんげしほう》。唯仏与仏《ゆいぶつよぶつ》。乃能究尽《ないのうくじん》。諸法実相《しょほうじっそう》。所謂諸法《しょいしょほう》。如是相《にょぜそう》。如是性《にょぜしょう》。如是体《にょぜたい》。如是力《にょぜりき》。如是作《にょぜさ》。如是因《にょぜいん》。如是縁《にょぜえん》。如是果《にょぜか》。如是報《にょぜほう》。如是本末究竟等《にょぜほんまっくきょうとう》。

【訓読】

舎利弗《しゃりほつ》、如来《にょらい》は能《よ》く種種《しゅじゅ》に分別《ふんべつ》し、巧《たくみ》に諸法《しょほう》を説《と》き、①言辞《ごんじ》柔軟《にゅうなん》にして、衆《しゅ》の心《こころ》を悦可《えっか》せしむ。舎利弗《しゃりほつ》、要《よう》を取《と》って之《これ》を言《い》わば、無量《むりょう》無辺《むへん》未曽有《みぞう》の法《ほう》を、仏《ほとけ》悉《ことごと》く成就《じょうじゅ》したまえり。止《や》みなん、舎利弗《しゃりほつ》。復《また》説《と》くべからず。所以《ゆえ》は何《いか》ん。仏《ほとけ》の成就《じょうじゅ》したまえる所《ところ》は、第一《だいいち》②希有《けう》難解《なんげ》の法《ほう》なり。唯《ただ》仏《ほとけ》と仏《ほとけ》とのみ、乃《いま》し能《よ》く諸法《しょほう》の実相《じっそう》を究尽《くじん》したまえり。所謂《いわゆる》諸法《しょほう》の③如是相《にょぜそう》、如是性《にょぜしょう》、如是体《にょぜたい》、如是力《にょぜりき》、如是作《にょぜさ》、如是因《にょぜいん》、如是縁《にょぜえん》、如是果《にょぜか》、如是報《にょぜほう》、如是本末究竟等《にょぜほんまっくきょうとう》なり。

【通釈】

舎利弗よ、如来はよく種々に分別し、巧みにあらゆる法を説く。その言辞はまことに柔らかく、衆生の心を悦びで満たすのである。舎利弗よ、要約してこのことを言うならば、仏は、無量で計り知ることのできない、また、いまだかつてない法を、ことごとく成就したということである。しかし、やめよう、舎利弗よ。もはやこれ以上説くべきではない。その理由はどういうことかといえば、仏が成就したものは、最も希《まれ》であり、実に理解しがたい法である。それは、ただ仏と仏とだけが、まさによく一切諸法の真実相を究め尽くすことができるものだからである。そのいうところの実相とは、あらゆる存在法に本然として具わり、また現れているところの、如是相、如是性、如是体、如是力、如是作、如是因、如是縁、如是果、如是報、如是本末究竟等である」と。

【語句解説】

①言辞柔軟……柔軟とはやわらかなこと。仏が用いる、衆生の心にかなった優しい言語。柔軟語。

②希有……めったにないこと。まれなこと。

③如是相～如是本末究竟等……如是相とは事物の相、如是性とは性質、如是体とは本体、如是力とは体に具わる力、如是作とは作用、如是因とは果を招く内的（直接的）原因、如是縁とは結果を生じる外的条件、如是果とは因による結果、如是報とは果が形として現れる報い、如是本末究竟等とは如是相より如是報までの本末が究竟して等しいこと。この十如是は諸法実相を明かし、一念三千の法門の依拠となっている。

なお、十如是の初めの三如是（相・性・体）は、仏身に約せば三身如来となり、理に約せば三諦となり、功徳に約せば三徳となる。

三如是	三諦	三身	三徳
如是相	仮諦	応身	解脱
如是性	空諦	報身	般若
如是体	中諦	法身	法身

《三転読文》

十如是の文を三転して読むことを「三転読文」という。天台大師は義によって文を読めば三転となることを明かしている。すなわち、是相如等と読むのは空諦の義、如是相等と読むのは仮諦の義、相如是等と読むのは中諦の義であり、三転読文によって、この空仮中の三諦円融の妙旨が顕れるのである。

しかし、末法の日蓮大聖人の仏法においては、凡夫のありのままの姿、すなわち仮の姿のままの凡夫身に妙法の仏性、仏の当体を顕していくという意義から、天台の三諦読みにとらわれず、如是相、如是性等と三回とも同じ読み方でよいのである。

如来寿量品第十六

妙法蓮華経如来寿量品第十六

爾時《にじ》仏告《ぶつごう》。諸菩薩《しょぼさつ》。及一切大衆《ぎゅういっさいだいしゅ》。諸善男子《しょぜんなんし》。汝等当信解《にょとうとうしんげ》。如来誠諦之語《にょらいじょうたいしご》。復告大衆《ぶごうだいしゅ》。汝等当《にょとうとう》信解《しんげ》。如来誠諦之語《にょらいじょうたいしご》。又復告諸大衆《うぶごうしょだいしゅ》。汝等当信解《にょとうとうしんげ》。如来誠諦之語《にょらいじょうたいしご》。是時菩薩大衆《ぜじぼさつだいしゅ》。弥勒為首《みろくいしゅ》。合掌《がっしょう》白仏言《びゃくぶつごん》。世尊《せそん》。唯願説之《ゆいがんせっし》。我等当信受仏語《がとうとうしんじゅぶつご》。如是三《にょぜさん》白已《びゃくい》。復言《ぶごん》。唯願説之《ゆいがんせっし》。我等当信《がとうとうしん》受仏語《じゅぶつご》。

【訓読】

爾《そ》の時《とき》に仏《ほとけ》、諸《もろもろ》の菩薩《ぼさつ》、及《およ》び一切《いっさい》の大衆《だいしゅ》に告《つ》げたまわく、諸《もろもろ》の①善男子《ぜんなんし》、汝等当《なんだちまさ》に、如来《にょらい》の②誠《じょう》諦《たい》の語《ことば》を信解《しんげ》すべし。復《また》大衆《だいしゅ》に告《つ》げたまわく、汝等当《なんだちまさ》に、如来《にょらい》の誠諦《じょうたい》の語《ことば》を信解《しんげ》すべし。又復《またまた》、諸《もろもろ》の大衆《だいしゅ》に告《つ》げたまわく、汝等当《なんだちまさ》に、如来《にょらい》の誠諦《じょうたい》の語《ことば》を信解《しんげ》すべし。是《こ》の時《とき》に③菩薩大衆《ぼさつだいしゅ》、④弥勒《みろく》を首《はじめ》と為《な》して、合掌《がっしょう》して仏《ほとけ》に白《もう》して言《もう》さく、世尊《せそん》、唯願《ただねが》わくは之《これ》を説《と》きたまえ。我等当《われらまさ》に仏《ほとけ》の語《みこと》を信受《しんじゅ》したてまつるべし。是《かく》の如《ごと》く三《み》たび白《もう》し已《おわ》って、復言《またもう》さく、唯願《ただねが》わくは之《これ》を説《と》きたまえ。我等《われら》当《まさ》に仏《ほとけ》の語《みこと》を信受《しんじゅ》したてまつるべし。

【通釈】

その時に、仏は、多くの菩薩をはじめ、一切の聴衆にお告げになった。「すべての清浄なる者よ、汝らは、まさに如来の真実の言葉を信じ、その心を会得しなさい」。また重ねて、聴衆にお告げになった。「汝らよ、まさに如来の真実の言葉を信じ、その心を会得しなさい」。また、さらに重ねて、すべての聴衆にお告げになった。「汝らよ、まさに如来の真実の言葉を信じ、その心を会得しなさい」。この時、会座にあった菩薩等のすべての聴衆は、弥勒を代表とし、合掌して仏に申し上げた。「世尊よ、ひたすらお願いします、このことを説いてください。私たちは、まさに仏のお言葉を、必ず信じて受け持ちます」。こうして三たび申し上げ終わって、また重ねて申し上げた。「ひたすらお願いします、このことを説いてください。私たちは、まさに仏のお言葉を、必ず信じて受け持ちます」。

【語句解説】

①善男子……仏法に帰依した在家・出家の男子のこと。

②誠諦……誤りのない絶対の真実。真理。

③菩薩……十界中、仏に次ぐ境界。大乗仏教で自利・利他を行ずる修行者。無上菩提を求める人。

④弥勒……弥勒菩薩のこと。阿逸多《あいった》ともいう。南インドのバラモンの家に生まれ、釈尊の弟子となった。その後、釈尊に先立って入滅し、都率《とそつ》天の内院に生じて天人のために法を説くとされる。人寿八万歳、釈尊滅後五十六億七千万歳の後、再び世に下生して竜華樹の下で成道し、釈尊の説法に漏れた衆生を済度するとされる。このように来世で釈尊の処（位）を補って仏の後を継ぐので一生補処《ふしょ》の菩薩とも、弥勒仏とも称される。

爾時世尊《にじせそん》。知諸菩薩《ちしょぼさつ》。三請不止《さんしょうふし》。而告之言《にごうしごん》。汝等諦聴《にょとうたいちょう》。如来秘密《にょらいひみつ》。神通之力《じんづうしりき》。一切世間《いっさいせけん》。天《てん》人《にん》。及阿修羅《ぎゅうあしゅら》。皆謂今釈迦牟尼仏《かいいこんしゃかむにぶつ》。出釈氏宮《しゅっしゃくしぐう》。去伽耶城《こがやじょう》不遠《ふおん》。坐於道場《ざおどうじょう》。得阿耨多羅三藐《とくあのくたらさんみゃく》三菩提《さんぼだい》。然善男子《ねんぜんなんし》。我実成仏已来《がじつじょうぶついらい》。無量無辺《むりょうむへん》。百千万億《ひゃくせんまんのく》。那由他劫《なゆたこう》。

【訓読】

爾《そ》の時《とき》に世尊《せそん》、諸《もろもろ》の菩薩《ぼさつ》の、三《み》たび請《しょう》じて止《や》まざることを知《し》ろしめして、之《これ》に告《つ》げて言《のたま》わく、汝等《なんだち》諦《あきら》かに聴《き》け、①如来《にょらい》の秘密神通《ひみつじんづう》の力《ちから》を。一切世間《いっさいせけん》の②天《てん》、人《にん》、及《およ》び阿修羅《あしゅら》、皆今《みないま》の③釈迦牟尼仏《しゃかむにぶつ》は、釈氏《しゃくし》の宮《みや》を出《い》でて、④伽耶城《がやじょう》を去《さ》ること遠《とお》からず、⑤道場《どうじょう》に坐《ざ》して、⑥阿耨多羅三藐三菩提《あのくたらさんみゃくさんぼだい》を得《え》たまえりと謂《おも》えり。然《しか》るに善男子《ぜんなんし》、我実《われじつ》に成仏《じょうぶつ》してより已来《このかた》、無量無辺百千万億《むりょうむへんひゃくせんまんのく》⑦那由他劫《なゆたこう》なり。

【通釈】

その時に、世尊は、すべての菩薩が三度まで願っても止まないことを知って、彼らに告げて言われた。「汝らよ、はっきりとよく聞きなさい、如来のみが知っていまだかつて説かなかった神通の力を。すべての世間における天界・人界、そして阿修羅界の三善道の者たちは、皆、今の釈迦牟尼仏は、釈迦族の宮殿から出家し、伽耶城から去ることほど遠くない道場に坐して、無上の完全な悟りを開かれたと思っている。しかしながら、清浄なる者たちよ、私は成仏してからこれまで、実に無量無辺百千万億那由他劫もの限りない時が過ぎているのである。

【語句解説】

①如来の秘密神通の力……仏のみが有する秘密の力。天台大師の『法華文句』には一身即三身を秘、三身即一身を密、また、いまだかつて説かなかったことを秘とし、ただ仏のみ知ることを密という。そして三身を本体、神通之力を三身の力用と説いている。日蓮大聖人は『御義口伝』において、これを無作三身の依文とされている。

②天人及び阿修羅……十界の中の天上界と人間界と阿修羅界の三界のこと。三悪道に対して三善道という。ここでは弥勒等の迹化の菩薩も仏の本寿命を知らないので、この中に包括される。

③釈迦牟尼仏……釈尊のこと。釈迦牟尼とは釈迦種族のなかの聖者との意。

④伽耶城……中インドの摩訶提国にある、釈尊成道の地の近くにある城。

⑤道場……仏の成道の場所。釈尊の成道した菩提樹下の金剛座を指す。

⑥阿耨多羅三藐三菩提……無上正遍知・無上正等覚などと訳す。仏の無上絶対なる円満の悟りの意。

⑦那由他劫……那由他とは一般的に千億の単位、劫とは非常に長い時間の意。

譬如《ひにょ》五百千万億《ごひゃくせんまんのく》。那由他《なゆた》。阿僧祇《あそうぎ》。三千大千世界《さんぜんだいせんせかい》。仮使有人《けしうにん》。抹為微塵《まっちみじん》。過於東方《かおとうぼう》。五百千《ごひゃくせん》万億《まんのく》。那由他《なゆた》。阿僧祇国《あそうぎこく》。乃下一塵《ないげいちじん》。如是東行《にょぜとうぎょう》。尽是微塵《じんぜみじん》。諸善男子《しょぜんなんし》。於意云何《おいうんが》。是諸世界《ぜしょせかい》。可得思惟校計《かとくしゆいきょうけ》。知其数不《ちごしゅふ》。弥勒菩薩等《みろくぼさっとう》。倶白仏言《くびゃくぶつごん》。世尊《せそん》。是諸世界《ぜしょせかい》。無量無辺《むりょうむへん》。非算数所知《ひさんじゅしょち》。亦非心力所及《やくひしんりきしょぎゅう》。一切声聞《いっさいしょうもん》。辟支仏《ひゃくしぶつ》。以無漏智《いむろち》。不能思惟《ふのうしゆい》。知其限数《ちごげんしゅ》。我等住《がとうじゅう》。阿惟越致地《あゆいおっちじ》。

於《お》是《ぜ》事《じ》中《ちゅう》。亦所不達《やくしょふだつ》。世尊《せそん》。如是諸世界《にょぜしょせかい》。無量無辺《むりょうむへん》。

【訓読】

譬《たと》えば五百千万億那由他《ごひゃくせんまんのくなゆた》①阿僧祇《あそうぎ》の②三千大千世界《さんぜんだいせんせかい》を、仮使《たとい》人《ひと》有《あ》って、抹《まっ》して③微塵《みじん》と為《な》して、東方《とうぼう》五百千万億那由他《ごひゃくせんまんのくなゆた》阿僧祇《あそうぎ》の国《くに》を過《す》ぎて、乃《すなわ》ち一塵《いちじん》を下《くだ》し、是《かく》の如《ごと》く東《ひがし》に行《ゆ》いて是《こ》の微塵《みじん》を尽《つ》さんが如《ごと》き、諸《もろもろ》の善男子《ぜんなんし》、意《こころ》に於《おい》て云何《いかん》。是《こ》の諸《もろもろ》の世界《せかい》は、④思惟《しゆい》し⑤校計《きょうけ》して、其《そ》の数《かず》を知《し》ることを得《う》べしや不《いな》や。弥勒菩薩《みろくぼさつ》等《とう》、倶《とも》に仏《ほとけ》に白《もう》して言《もう》さく、世尊《せそん》、是《こ》の諸《もろもろ》の世界《せかい》は、無量無辺《むりょうむへん》にして、算数《さんじゅ》の知《し》る所《ところ》に非《あら》ず、亦心力《またしんりき》の及《およ》ぶ所《ところ》に非《あら》ず。一切《いっさい》の声聞《しょうもん》、辟支仏《ひゃくしぶつ》、⑥無漏智《むろち》を以《もっ》ても、思惟《しゆい》して其《そ》の限数《げんしゅ》を知《し》ること能《あた》わじ。我等《われら》、⑦阿惟越致地《あゆいおっちじ》に住《じゅう》すれども、是《こ》の事《じ》の中《なか》に於《おい》ては、亦達《またたっ》せざる所《ところ》なり。世尊《せそん》、是《かく》の如《ごと》き諸《もろもろ》の世界《せかい》無量無辺《むりょうむへん》なり。

【通釈】

譬えをもっていえば、五百千万億那由他阿僧祇もの三千大千世界を、仮りに人が粉々にすりつぶして微塵にし、東方へ向かって五百千万億那由他阿僧祇の国（三千大千世界）を通過して、その一粒の微塵を下す。こうして、さらに東へと進み、これらの微塵をすべて下し尽くしたとしよう。清浄なる者たちよ、汝らは、こうして微塵を下したすべての世界を、心の中で思いめぐらし、計量して、その数を知ることができるであろうか、できないであろうか」。弥勒菩薩たちは、共に声をそろえて仏に申し上げた。「世尊よ、このすべての世界は無量無辺であって、計算して知られるところではなく、また私たちの心の用きが及ぶところでもありません。一切の声聞や辟支仏の、煩悩を離れた聖なる智慧をもって思いめぐらしても、その数の限りを知り尽くすことはできません。私たちのように、仏道における不退転の位に到った菩薩でも、この実際の数量については、なお思い達することができないところです。世尊よ、これらのあらゆる世界は、まさに無量であり無辺です」。

【語句解説】

①阿僧祇……無数・無尽数と訳す。一説には千億の千倍（那由他の千倍）とされる。

②三千大千世界……三千世界とも、三千界とも、大千世界ともいう。須弥山を中心とした四州・九山八海を一小世界とし、それを千倍したものを小千世界といい、さらに千倍したものを中千世界、またさらに千倍したものを大千世界という。三たび千倍するので三千大千世界という。この全世界を一仏の教化範囲とする。

③微塵……極めてこまかい塵のこと。

④思惟……考えめぐらすこと。思いはからうこと。

⑤校計……くらべ計ること。計量すること。

⑥無漏智……煩悩を断じて証果を得た清浄の智慧。

⑦阿惟越致……阿毘跋致《あびばっち》ともいう。不退転の意。菩薩の位。

爾《に》時《じ》仏《ぶつ》告《ごう》。大《だい》菩《ぼ》薩《さっ》衆《しゅ》。諸《しょ》善《ぜん》男《なん》子《し》。今《こん》当《とう》分《ふん》明《みょう》。宣《せん》語《ご》汝《にょ》等《とう》。是《ぜ》諸《しょ》世《せ》界《かい》。若《にゃく》著《ちゃく》微《み》塵《じん》。及《ぎゅう》不《ふ》著《ちゃく》者《しゃ》。

尽以為塵《じんにいじん》。一塵一劫《いちじんいっこう》。我成仏已来《がじょうぶついらい》。復過於此《ぶかおし》。百千万億《ひゃくせんまんのく》。那由他《なゆた》。阿僧祇劫《あそうぎこう》。自従是来《じじゅうぜらい》。
我常在此《がじょうざいし》。娑婆世界《しゃばせかい》。説法教化《せっぽうきょうけ》。亦於余処《やくおよしょ》。百千万億《ひゃくせんまんのく》。那由他《なゆた》。阿僧祇国《あそうぎこく》。導利衆生《どうりしゅじょう》。諸《しょ》
善男子《ぜんなんし》。於是中間《おぜちゅうげん》。我説燃燈仏等《がせつねんとうぶっとう》。又復言其《うぶごんご》。入於涅槃《にゅうおねはん》。如是皆以《にょぜかいい》。方便分別《ほうべんふんべつ》。諸善男子《しょぜんなんし》。
若有衆生《にゃくうしゅじょう》。来至我所《らいしがしょ》。我以仏眼《がいぶつげん》。観其信等《かんごしんとう》。諸根利鈍《しょこんりどん》。随所応度《ずいしょおうど》。処処自説《しょしょじせつ》。名字不同《みょうじふどう》。
年紀大小《ねんきだいしょう》。亦復現言《やくぶげんごん》。当入涅槃《とうにゅうねはん》。又以種種方便《ういしゅじゅほうべん》。説微妙法《せつみみょうほう》。能令衆生《のうりょうしゅじょう》。発歓喜心《ほっかんぎしん》。

【訓読】

爾《そ》の時《とき》に仏《ほとけ》、大菩薩衆《だいぼさつしゅ》に告《つ》げたまわく、諸《もろもろ》の善男子《ぜんなんし》、今当《いままさ》に分明《ふんみょう》に、汝等《なんだち》に①宣語《せんご》すべし。是《こ》の諸《もろもろ》の世界《せかい》の、若《も》しは微塵《みじん》を著《お》き、及《およ》び著《お》かざる者《もの》を、尽《ことごと》く以《もっ》て塵《ちり》と為《な》して、一塵《いちじん》を②一劫《いっこう》とせん。我成仏《われじょうぶつ》してより已来《このかた》、復此《またこれ》に過《す》ぎたること、百千万億那由他阿僧祇劫《ひゃくせんまんのくなゆたあそうぎこう》なり。是《これ》より来《このかた》、我常《われつね》に此《こ》の③娑婆世界《しゃばせかい》に在《あ》って、説法教化《せっぽうきょうけ》す。亦余処《またよしょ》の百千万億那由他阿僧祇《ひゃくせんまんのくなゆたあそうぎ》の国《くに》に於《お》いても、衆生《しゅじょう》を導利《どうり》す。諸《もろもろ》の善男子《ぜんなんし》、是《こ》の中間《ちゅうげん》に於《お》いて、我《われ》④燃燈仏等《ねんとうぶっとう》と説《と》き、又復《またまた》、其《そ》れ⑤涅槃《ねはん》に入《い》ると言《い》いき。是《か》の如《ごと》きは皆《みな》、方便《ほうべん》を以《もっ》て分別《ふんべつ》せしなり。諸《もろもろ》の善男子《ぜんなんし》、若《も》し衆生《しゅじょう》有《あ》って、我《わ》が所《もと》に来至《らいし》するには、我仏眼《われぶつげん》を以《もっ》て、其《そ》の信等《しんとう》の諸根《しょこん》の利鈍《りどん》を観《かん》じて、応《まさ》に度《ど》すべき所《ところ》に随《したが》って、処処《しょしょ》に自《みずか》ら名字《みょうじ》の不同《ふどう》、年紀《ねんき》の大小《だいしょう》を説《と》き、亦復《またまた》、現《げん》じて当《まさ》に涅槃《ねはん》に入《い》るべしと言《い》い、又種種《またしゅじゅ》の方便《ほうべん》を以《もっ》て、⑥微妙《みみょう》の法《ほう》を説《と》き、能《よ》く衆生《しゅじょう》をして歓喜《かんぎ》の心《こころ》を発《おこ》さしめき。

【通釈】

その時に仏は、大菩薩たちに告げられた。「すべての清浄なる者たちよ、今、汝らに、まさに明ら

かに宣告しよう。こうしたあらゆる世界のうち、もしくは微塵を下した国も、下さなかった国も、それら一切を合わせて再びすりつぶして微塵にし、そして一粒の塵ごとに一劫ずつの時を充《あ》てることとしよう。私が成仏してからこれまで、この微塵の数に過ぎること、また百千万億那由他阿僧祇劫にもなる。それ以来、私は、常にこの娑婆世界にあって説法し、教化してきた。またそれ以外の百千万億那由他阿僧祇の国（三千大千世界）においても、衆生を導き、利益を施してきた。多くの清浄なる者たちよ、その中間にあって、私は燃燈仏等のことを説いたり、また重ねてそれらの仏が涅槃に入られたことも説いてきた。このようなことは、皆、真実へ導き入れるための方便として用いた計らいだったのである。あらゆる清浄なる者たちよ、もし衆生がいて、私のもとに来る者には、私は、仏眼をもって、仏道に対するその信・精進・念・定・慧の五根の利根・鈍根の格差を察知し、まさに救済すべき相手に従って、それぞれの場所において、自ら異なった名前の仏として出現したり、その寿命の長短を説いたり、さらにまた、まさに涅槃に入るべきことを示したり、また様々な方便を用いて、はるかに奥深い法を説き、衆生に対して、よく歓喜する心を発《おこ》させてきたのである。

【語句解説】

①宣語……広く告げ知らせること。宣告と同意。

②一劫……長時と訳す。人寿八万四千歳から百年ごとに一歳を減じて人寿十歳に至り、さらにその十歳より百年ごとに一歳を増して人寿八万四千歳に至る。この一減一増を繰り返す間を一小劫という。二十小劫を一中劫とし、四中劫を一大劫とする。

③娑婆世界……釈尊の教化する国土。娑婆は梵語で忍土・忍界と訳す。苦しみが多く、忍耐すべき世

界の意。人間が現実に住む苦悩の充満する世界。

④燃燈仏……定光仏（錠光仏）のこと。定光菩薩ともいう。日月燈明仏の八王子の一人。釈尊が過去世に儒童菩薩として因位の修行中、この仏から未来成仏の記別を与えられた。

⑤涅槃……仏または聖者の死。入寂、入滅、滅度、寂滅ともいう。

⑥微妙……深遠ですぐれたさま。

諸善男子《しょぜんなんし》。如来見諸衆生《にょらいけんしょしゅじょう》。楽於小法《ぎょうおしょうぼう》。徳薄垢重者《とくはっくじゅうしゃ》。為是人説《いぜにんせつ》。我少出家《がしょうしゅっけ》。得阿耨多羅三《とくあのくたらさん》藐三菩提《みゃくさんぼだい》。然我実成仏已来《ねんがじつじょうぶついらい》。久遠若斯《くおんにゃくし》。但以方便《たんにほうべん》。教化衆生《きょうけしゅじょう》。令入仏道《りょうにゅうぶつどう》。作如是説《さにょぜせつ》。諸善男子《しょぜんなんし》。如来所演経典《にょらいしょえんきょうでん》。皆為度脱衆生《かいいどだつしゅじょう》。或説己身《わくせっこしん》。或説他身《わくせったしん》。或示己身《わくじこしん》。或示他身《わくじたしん》。或示《わくじ》己事《こじ》。或示他事《わくじたじ》。諸所言説《しょしょごんせつ》。皆実不虚《かいじつふこ》。所以者何《しょいしゃが》。如来如実知見《にょらいにょじっちけん》。三界之相《さんがいしそう》。無有生死《むうしょうじ》。若《にゃく》退若出《たいにゃくしゅつ》。亦無在世《やくむざいせ》。及滅度者《ぎゅうめつどしゃ》。非実非虚《ひじつひこ》。非如非異《ひにょひい》。不如三界《ふにょさんがい》。見於三界《けんのさんがい》。如斯之事《にょししじ》。如《にょ》来明見《らいみょうけん》。無有錯謬《むうしゃくみょう》。

【訓読】

諸《もろもろ》の善男子《ぜんなんし》、如来《にょらい》諸《もろもろ》の衆生《しゅじょう》の、①小法《しょうぼう》を楽《ねが》える②徳薄垢重《とくはくくじゅう》の者《もの》を見《み》ては、是《こ》の人《ひと》の為《ため》に、我少《われわか》くして出家《しゅっけ》し、阿耨多羅三藐三菩提《あのくたらさんみゃくさんぼだい》を得《え》たりと説《と》く。然《しか》るに我《われ》、実《じつ》に成仏《じょうぶつ》してより已来《このかた》、久遠《くおん》なること斯《かく》の若《ごと》し。但方便《ただほうべん》を以《もっ》て、衆生《しゅじょう》を教化《きょうけ》し、仏道《ぶつどう》に入《い》らしめんとして、是《かく》の如《ごと》き説《せつ》を作《な》す。

諸《もろもろ》の善男子《ぜんなんし》、如来《にょらい》の演《の》ぶる所《ところ》の経典《きょうでん》は、皆衆生《みなしゅじょう》を度脱《どだつ》せんが為《ため》なり。或《あるい》は己身《こしん》を説《と》き、或《あるい》は他身《たしん》を説《と》き、或《あるい》は己身《こしん》を示《しめ》し、或《あるい》は他身《たしん》を示《しめ》し、或《あるい》は己事《こじ》を示《しめ》し、或《あるい》は他事《たじ》を示《しめ》す。諸《もろもろ》の言説《ごんせつ》する所《ところ》は、皆実《みなじつ》にして虚《むな》しからず。所以《ゆえ》は何《いか》ん。如来《にょらい》は如実《にょじつ》に③三界《さんがい》の相《そう》を知見《ちけん》す。生死《しょうじ》の、若《も》しは退《たい》、若《も》しは出《しゅつ》有《あ》ること無《な》く、亦在世《またざいせ》、及《およ》び滅度《めつど》の者《もの》も無《な》し。実《じつ》に非《あら》ず、虚《こ》に非《あら》ず、如《にょ》に非《あら》ず、異《い》に非《あら》ず。三界《さんがい》の三界《さんがい》を見《み》るが如《ごと》くならず。斯《かく》の如《ごと》きの事《じ》、如来明《にょらいあき》らかに見《み》て、④錯謬《しゃくみょう》有《あ》ること無《な》し。

【通釈】

すべての清浄なる者たちよ、如来は、様々な衆生のうち、低下《ていげ》の教法を求めるような、福徳の薄い、煩悩の垢が積もり重なった者を見ると、この人たちのために、『私は、今世で若くして出家し、無上の完全な悟りを得た』と説くのである。しかしながら、私が成仏してよりこれまで、実に久遠の時を経ていることは、既に説いたとおりである。ただ巧みな方便をもって衆生を教化し、真実の仏道に導き入れるために、こうした説をなしてきたのである。すべての清浄なる者たちよ、如来が演《の》べるところの経典は、すべて衆生を救済し、解脱させるためのものである。仏は、あるときは自己の仏身（法身）について説き、あるときは他の仏身（応身）について説き、あるときは自己の仏身を示現し、あるときは他の仏身を示現し、あるときは自身のことがらを示し、あるときは他のことがらを示す。様々に言辞をもって説くところは、すべて真実であって、そこに虚言《そらごと》はない。その理由はどういうことか。如来は、その智慧によって、ありのままに欲界・色界・無色界の三界の相を見知することができるということである。したがって、生死において、三界より退いたり現れたりすることがあるのでもない。

また三界の世にある者とか、解脱して滅度した者ということもない。真実だということでもなく、虚妄だということでもない。そのままのあり方ということでもなく、異なった別なあり方ということでもない。つまり、三界の衆生が三界を見るようなあり方ではないのである。このような三界の相を、如来は明らかに見て錯誤することはない。

【語句解説】

①小法……爾前迹門以下の低下の教法のこと。天台大師の『法華文句』巻九下には「小法を楽《ねが》える」の「小」について「小乗の人に非《あら》ざるなり。乃《すなわ》ち是れ近説《ごんせつ》を楽う者を小と為《な》すのみ」（文句会本下二九四㌻）とある。すなわち、寿量品の久成の説に迷う者を「小法を楽う者」という。

②徳薄垢重……福徳が薄く、煩悩の垢《あか》が積もり重なっていること。

③三界……欲界・色界・無色界のこと。地獄界から天上界までの六道の衆生が、輪回《りんね》し流転する迷いの境界を三つに分類したもの。

④錯謬……まちがうこと。錯誤。

以諸衆生《いしょしゅじょう》。有種種性《うしゅじゅしょう》。種種欲《しゅじゅよく》。種種行《しゅじゅぎょう》。種種憶想《しゅじゅおくそう》。分別故《ふんべつこ》。欲令生諸善根《よくりょうしょうしょぜんごん》。以若干因縁《いにゃっかんいんねん》。譬喩言辞《ひゆごんじ》。種種説法《しゅじゅせっぽう》。所作仏事《しょさぶつじ》。未曽暫廃《みぞうざんぱい》。如是我成仏已来《にょぜがじょうぶついらい》。甚大久遠《じんだいくおん》。寿命無量《じゅみょうむりょう》。阿僧祇劫《あそうぎこう》。常住不滅《じょうじゅうふめつ》。諸善男子《しょぜんなんし》。我本行菩薩道《がほんぎょうぼさつどう》。所成寿命《しょじょうじゅみょう》。今猶未尽《こんゆうみじん》。復倍上数《ぶばいじょうしゅ》。然《ねん》今《こん》非《ひ》実《じつ》滅《めつ》度《ど》。而《に》便《べん》唱《しょう》言《ごん》。当《とう》取《しゅ》滅《めつ》度《ど》。如《にょ》来《らい》以《い》是《ぜ》方《ほう》便《べん》。教《きょう》化《け》衆《しゅ》生《じょう》。所《しょ》以《い》者《しゃ》何《が》。若《にゃく》仏《ぶっ》久《く》住《じゅう》於《お》世《せ》。薄《はく》徳《とく》之《し》人《にん》。不《ふ》種《しゅ》善《ぜん》根《ごん》。貧《びん》窮《ぐ》下《げ》賤《せん》。貪《とん》著《じゃく》五《ご》欲《よく》。入《にゅう》於《お》憶《おく》想《そう》。妄《もう》見《けん》網《もう》中《ちゅう》。

【訓読】

諸《もろもろ》の衆生《しゅじょう》、種種《しゅじゅ》の性《しょう》、種種《しゅじゅ》の欲《よく》、種種《しゅじゅ》の行《ぎょう》、種種《しゅじゅ》の憶想《おくそう》、分別《ふんべつ》有《あ》るを以《もっ》ての故《ゆえ》に、諸《もろもろ》の善《ぜん》根《ごん》を生《しょう》ぜしめんと欲《ほっ》して、若干《そこばく》の因縁《いんねん》、譬喩《ひゆ》、言辞《ごんじ》を以《もっ》て、種種《しゅじゅ》に法《ほう》を説《と》く。所作《しょさ》の仏事《ぶつじ》未《いま》だ曽《かっ》て暫《しばら》くも廃《はい》せず。是《かく》の如《ごと》く、我成仏《われじょうぶつ》してより已来《このかた》、甚《はなは》だ大《おお》いに久遠《くおん》なり。寿命《じゅみょう》無量《むりょう》阿僧祇劫《あそうぎこう》なり。常住《じょうじゅう》にして滅《めっ》せず。諸《もろもろ》の善男子《ぜんなんし》、①我本菩薩《われもとぼさつ》の道《どう》を行《ぎょう》じて、成《じょう》ぜし所《ところ》の寿命《じゅみょう》、今猶未《いまなおいま》だ尽《つ》きず。復上《またかみ》の数《すう》に倍《ばい》せり。然《しか》るに今《いま》、実《じつ》の滅度《めつど》に非《あら》ざれども、而《しか》も便《すなわ》ち唱《とな》えて、当《まさ》に滅度《めつど》を取《と》るべしと言《い》う。如来《にょらい》、是《こ》の方便《ほうべん》を以《もっ》て、衆生《しゅじょう》を教化《きょうけ》す。所以《ゆえ》は何《いか》ん。若《も》し仏《ほとけ》、久《ひさ》しく世《よ》に住《じゅう》せば、薄徳《はくとく》の人《ひと》は善《ぜん》根《ごん》を種《う》えず。②貧窮《びんぐ》③下賤《げせん》にして、④五欲《ごよく》に貪著《とんじゃく》し、憶想妄見《おくそうもうけん》の網《あみ》の中《なか》に入《い》りなん。

【通釈】

多くの衆生には、様々な性分があり、様々な欲望、様々な行為、様々な憶測などに、相異分別があるために、如来はあらゆる善根（徳本、善業を積むこと）を生じさせようとして、多くの因縁や譬喩、言辞を用いて、種々に法を説くのである。こうして仏としてなすべき行為は、いまだかつて少しの間も止《と》めたことはない。このように、私が成仏してよりこれまで、実に大きな久遠という時が経っている。その寿命は無量阿僧祇劫であり、常に世に住して滅することはないのである。すべての善良なる者たちよ、私が、久遠の大本《おおもと》において、菩薩の道法を修行して成就したところの寿命は、今なおいまだ尽きることはない。それどころか、上《かみ》に挙げた年次の数に倍するほどである。ところが、今、真実の滅度ではないにもかかわらず、はっきりと私は『まさに滅度を現ずるであろう』と宣言するのである。如来は、こうした方便を用いて衆生を教化するが、その理由はどういうことであろうか。もし仏が入滅することなく、久しく世に在住したならば、福徳の薄い人は、かえって善根を植えようとはしないであろう。貧に窮して賤《いや》しくなり、本能的な五欲を飽くことなく貪《むさぼ》って、妄想や邪見の網の中に入り込み、もがき苦しむこととなる。

【語句解説】

①我本菩薩の道を行じて~上の数に倍せり……釈尊が久遠において仏果を成就するために、その原因となる菩薩道を行じたことを明かす文。天台大師はこの文を本因妙の文としている。

②貧窮……貧しくて生活に窮すること。貧困。貧苦。

③下賎……品性が卑《いや》しいこと。身分の低いこと。

④五欲……色《しき》欲・声《しょう》欲・香欲・味欲・触《そく》欲の五つ。五根（眼・耳・鼻・舌・身）が五境（色・声・香・味・触）を対境として起こす欲望のこと。

若見如来《にゃっけんにょらい》。常在不滅《じょうざいふめつ》。便起憍恣《べんききょうし》。而懐厭怠《にええんだい》。不能生於《ふのうしょうお》。難遭之想《なんぞうしそう》。恭敬之心《くぎょうししん》。是故如来《ぜこにょらい》。以方便説《いほうべんせつ》。比丘当知《びくとうち》。諸仏出世《しょぶつしゅっせ》。難可値遇《なんかちぐ》。所以者何《しょいしゃが》。諸薄徳人《しょはくとくにん》。過無量百千万億劫《かむりょうひゃくせんまんのっこう》。或《わく》有見仏《うけんぶつ》。或不見者《わくふけんしゃ》。以此事故《いしじこ》。我作是言《がさぜごん》。諸比丘《しょびく》。如来難可得見《にょらいなんかとっけん》。斯衆生等《ししゅじょうとう》。聞如是語《もんにょぜご》。必《ひっ》当生於《とうしょうお》。難遭之想《なんぞうしそう》。心懐恋慕《しんねれんぼ》。渇仰於仏《かつごうおぶつ》。便種善根《べんしゅぜんごん》。是故如来《ぜこにょらい》。雖不実滅《すいふじつめつ》。而言滅度《にごんめつど》。又善《うぜん》男子《なんし》。諸仏如来《しょぶつにょらい》。法皆如是《ほうかいにょぜ》。為度衆生《いどしゅじょう》。皆実不虚《かいじつふこ》。

【訓読】

若《も》し如来《にょらい》、常《つね》に在《あ》って滅《めっ》せずと見《み》ば、便《すなわ》ち①憍恣《きょうし》を起《おこ》して、②厭怠《えんだい》を懐《いだ》き、③難遭《なんぞう》の想《おもい》、④恭敬《くぎょう》の心《こころ》を生《しょう》ずること能《あた》わじ。是《こ》の故《ゆえ》に如来《にょらい》、方便《ほうべん》を以《もっ》て説《と》く。比丘《びく》当《まさ》に知《し》るべし。諸仏《しょぶつ》の出世《しゅっせ》には値遇《ちぐ》すべきこと難《かた》し。所以《ゆえ》は何《いか》ん。諸《もろもろ》の薄徳《はくとく》の人《ひと》は、無量百千万億劫《むりょうひゃくせんまんのくこう》を過《す》ぎて、或《あるい》は仏《ほとけ》を見《み》る有《あ》り、或《あるい》は見《み》ざる者《もの》あり。此《こ》の事《じ》を以《もっ》ての故《ゆえ》に、我《われ》是《こ》の言《ことば》を作《な》す。諸《もろもろ》の比丘《びく》、如来《にょらい》は見《み》ること得《う》べきこと難《かた》し。斯《こ》の衆生等《しゅじょうら》、是《かく》の如《ごと》き語《ことば》を聞《き》いては、必《かなら》ず当《まさ》に難遭《なんぞう》の想《おもい》を生《しょう》じ、心《こころ》に⑤恋慕《れんぼ》を懐《いだ》き、仏《ほとけ》を⑥渇仰《かつごう》して、便《すなわ》ち善根《ぜんごん》を種《う》ゆべし。是《こ》の故《ゆえ》に如来《にょらい》、実《じつ》に滅《めっ》せずと雖《いえど》も、而《しか》も滅度《めつど》すと言《い》う。又《また》善男子《ぜんなんし》、諸仏如来《しょぶつにょらい》は、法《ほう》、皆《みな》是《かく》の如《ごと》し。衆生《しゅじょう》を度《ど》せんが為《ため》なれば、皆実《みなじつ》にして虚《むな》しからず。

【通釈】

こうした人は、もし如来が、常に世にあって入滅しないものだと思ったならば、ほしいままに憍《おご》り高ぶる思いを必ず起こし、仏道に飽きて怠ける心を懐き、仏には値い難いという想いや、仏を恭《うやうや》しく敬う心を起こすことはできないであろう。このために、如来は、方便を用いて『修行者よ、よく知るべきである。諸仏が世に出現することに出値うのは、実に難しいことである』と説く。それは何故であろうか。多くの善根を積まない徳の薄い者にとっては、無量百千万億劫を経て、ようやく仏に値える者もあろうが、また値うことができない者もある。こうしたことがあるために、私は『多くの修行者たちよ、如来に値うことは、実に得難いことである』と語るのである。この衆生たちは、こうした言葉を聞いて、必ずや『本当に仏には値い難い』との想いを生じ、心から仏を慕う思いを懐き、熱く求めて仰ぎ敬い、そして善根を種えていくであろう。このため、如来は、真実には滅することがなくても『滅度する』と語るのである。また、清浄なる者たちよ、あらゆる仏・如来は、皆、同様の法を用いて教化することを知るべきである。それは衆生を解脱させるためであり、すべてが真実であって虚偽ではない。

【語句解説】

①憍恣……心がおごって気ままなこと。

②厭怠……厭は飽きること。怠はおこたり、なまけること。

③難遭……仏に遭《あ》いがたいこと。

④恭敬……仏・菩薩の振る舞いやその教法を慎み敬うこと。『大智度論』や『法華義疏』には、謙遜し畏《おそ》れはばかることを恭といい、諸仏の智徳を思いやることを敬というとある。

⑤恋慕……仏を恋い慕うこと。

⑥渇仰……仏の徳を仰ぎ慕うことを、のどの渇いた者が水を求めることに譬えたもの。

譬如良医《ひにょろうい》。智慧聡達《ちえそうだつ》。明練方薬《みょうれんほうやく》。善治衆病《ぜんじしゅびょう》。其人多諸子息《ごにんたしょしそく》。若十《にゃくじゅう》。二十《にじゅう》。乃至百数《ないしひゃくしゅ》。以《い》有事縁《うじえん》。遠至余国《おんしよこく》。諸子於後《しょしおご》。飲他毒薬《おんたどくやく》。薬発悶乱《やくほつもんらん》。宛転于地《えんでんうじ》。是時其父《ぜじごぶ》。還来帰家《げんらいきけ》。諸子飲《しょしおん》毒《どく》。或失本心《わくしつほんしん》。或不失者《わくふしっしゃ》。遥見其父《ようけんごぶ》。皆大歓喜《かいだいかんぎ》。拝跪問訊《はいきもんじん》。善安穏帰《ぜんなんのんき》。我等愚癡《がとうぐち》。誤服毒薬《ごぶくどくやく》。願見救療《がんけんくりょう》。更賜寿命《きょうしじゅみょう》。

【訓読】

譬《たと》えば、良医《ろうい》の智慧《ちえ》聡達《そうだつ》①にして、明《あき》らかに方薬《ほうやく》②に練《れん》し、善《よ》く衆病《しゅびょう》を治《じ》するが如《ごと》し。其《そ》の人《ひと》諸《もろもろ》の子息《しそく》多《おお》し、若《も》しは十《じゅう》、二十《にじゅう》、乃至《ないし》百数《ひゃくしゅ》なり。事《こと》の縁《えん》有《あ》るを以《もっ》て、遠《とお》く余国《よこく》に至《いた》りぬ。諸《もろもろ》の子《こ》後《のち》に、他《た》の毒薬《どくやく》を飲《の》む。薬《くすり》発《ほっ》し悶乱《もんらん》して、地《じ》に宛転《えんでん》③す。是《こ》の時《とき》に其《そ》の父《ちち》、還《かえ》り来《きた》って家《いえ》に帰《かえ》りぬ。諸《もろもろ》の子毒《こどく》を飲《の》んで、或《あるい》は本心《ほんしん》を失《うしな》える、或《あるい》は失《うしな》わざる者《もの》あり。遥《はる》かに其《そ》の父《ちち》を見《み》て、皆大《みなおお》いに歓喜《かんぎ》し、拝跪《はいき》④して問訊《もんじん》⑤すらく、善《よ》く安穏《あんのん》に帰《かえ》りたまえり。我等《われら》愚癡《ぐち》⑥にして、誤《あやま》って毒薬《どくやく》を服《ふく》せり。願《ねが》わくは救療《くりょう》せられて、更《さら》に寿命《じゅみょう》を賜《たま》え。

【通釈】

譬えをもっていえば、ある良医がいて、智慧が賢く、聡明で物事の道理に通達し、薬の処方に熟練して、よく一切の病気を療治するのと同様である。その良医には子供が多く、十人、二十人、ないし百人もいたとしよう。あるとき、良医は、所用があって、遠く他国へと出かけた。すべての子供たちは、父が出かけた後、誤ってほかの毒薬を飲んでしまった。毒が効いてくると、子供たちは悶《もだ》えて悩乱し、地にのたうち回って苦しんだ。この時に、父の良医が他国より戻り、家に帰ってきたのである。多くの子供のなかには、毒を飲んで既に本心を失った者や、失わない者がいた。皆、遥かにその父を見て大いに歓喜し、ひざまずいて父を拝して『父よ、よく無事・安穏にお帰りになりました。私たちは愚かにも、誤って毒薬を飲んでしまいました。お願いですから、治療して命を救い、更なる寿命を与えてください』とこいねがったのである。

【語句解説】

①聡達……さとくて事理に通ずること。賢くて明達なこと。
②方薬……薬の処方。
③宛転……曲がりくねって、のたうち回ること。宛は宛曲《えんきょく》、宛屈の意。転は展転の意。
④拝跪……ひざまずいて拝むこと。かしこまること。
⑤問訊……問いたずねること。
⑥愚癡……貪瞋癡の三毒の一つ。仏法の道理にくらく、理非に迷う愚かなさま。

父見子等《ぶけんしとう》。苦悩如是《くのうにょぜ》。依諸経方《えしょきょうほう》。求好薬草《ぐこうやくそう》。色香美味《しきこうみみ》。皆悉具足《かいしつぐそく》。擣簁和合《とうしわごう》。与子令服《よしりょうぶく》。而《に》作是言《さぜごん》。此大良薬《しだいろうやく》。色香美味《しきこうみみ》。皆悉具足《かいしつぐそく》。汝等可服《にょとうかぶく》。速除苦悩《そくじょくのう》。無復衆患《むぶしゅげん》。其諸子中《ごしょしちゅう》。不失《ふしつ》心者《しんじゃ》。見此良薬《けんしろうやく》。色香倶好《しきこうぐこう》。即便服之《そくべんぶくし》。病尽除愈《びょうじんじょゆ》。余失心者《よしっしんじゃ》。見其父来《けんごぶらい》。雖亦歓喜問訊《すいやっかんぎもんじん》。求《ぐ》索治病《しゃくじびょう》。然与其薬《ねんよごやく》。而不肯服《にふこうぶく》。所以者何《しょいしゃが》。毒気深入《どっけじんにゅう》。失本心故《しっぽんしんこ》。於此好色香薬《おしこうしきこうやく》。而謂不美《にいふみ》。

【訓読】

父《ちち》、子等《こら》の苦悩《くのう》すること是《かく》の如《ごと》くなるを見《み》て、諸《もろもろ》の経方《きょうぼう》に依《よ》って、好《よ》き薬草《やくそう》の①色香美味《しきこうみみ》、皆《みな》悉《ことごと》く具足《ぐそく》せるを求《もと》めて、②擣篩和合《とうしわごう》して、子《こ》に与《あた》えて服《ふく》せしむ。而《しか》して是《こ》の言《ことば》を作《な》さく、此《こ》の大良薬《だいろうやく》は、色香美味《しきこうみみ》、皆悉《みなことごと》く具足《ぐそく》せり。汝等服《なんだちふく》すべし。速《すみや》かに苦悩《くのう》を除《のぞ》いて、復衆《またもろもろ》の患《うれえ》無《な》けん。其《そ》の諸《もろもろ》の子《こ》の中《なか》に、心《こころ》を失《うしな》わざる者《もの》は、此《こ》の良薬《ろうやく》の色香《しきこう》、倶《とも》に好《よ》きを見《み》て、即便之《すなわちこれ》を服《ふく》するに、病尽《やまいことごと》く除《のぞ》こり愈《い》えぬ。余《よ》の心《こころ》を失《うしな》える者《もの》は、其《そ》の父《ちち》の来《きた》れるを見《み》て、亦歓喜《またかんぎ》し、問訊《もんじん》して、病《やまい》を治《じ》せんことを求索《もと》むと雖《いえど》も、然《しか》も其《そ》の薬《くすり》を与《あた》うるに、而《しか》も肯《あ》えて服《ふく》せず。所以《ゆえ》は何《いか》ん。毒気深《どっけふか》く入《い》って、本心《ほんしん》を失《うしな》えるが故《ゆえ》に、此《こ》の好《よ》き色香《しきこう》ある薬《くすり》に於《お》て、美《うま》からずと謂《おも》えり。

【通釈】

父は、子供たちがこのように苦悩に打ちひしがれている姿を見て、あらゆる薬方により、良き色、良き香り、良き味わいのすべてを備えた、極めて優れた薬草を求め、擣《つ》いて細末にし、篩《ふるい》にかけて調合し、子供たちに与え、服用させようとして、『この大良薬は、良き色、良き香り、良き味わいのすべてが整ったものだ。子供たちよ、これを服用しなさい。そうすれば、すぐに苦悩がなくなり、またすべての患《わずら》いが癒《い》えてなくなる』と告げたのである。その大勢の子供たちのなかで、本心を失っていなかった者たちは、この色香等が共に優れた良薬を見て、即座に服用したところ、病がすべて除かれ、全快したのである。ところが、その他の本心を失った者たちは、父が帰ってきたのを見て、同じように歓喜し、ひれ伏して、病を治してほしいと求めるが、その良薬を与えても、あえて服用しなかったのである。何故かというと、彼らには毒気が深く入り込み、本心を失っていたため、この優れた色香等を備えた良薬に対して、好ましい薬ではないと思い込んだからである。

【語句解説】

①色香美味……良医の調合した良薬が、色・香・味ともに優れていること。

②擣篩和合……薬の原料をよく擣《つ》いて細末とし、それを篩《ふるい》にかけて和合（調合）し、良薬に練り上げることをいう。

父作是念《ぶさぜねん》。此子可愍《ししかみん》。為毒所中《いどくしょちゅう》。心皆顛倒《しんかいてんどう》。雖見我喜《すいけんがき》。求索救療《ぐしゃっくりょう》。如是好薬《にょぜこうやく》。而不肯服《にふこうぶく》。我今当設方便《がこんとうせつほうべん》。令服此薬《りょうぶくしやく》。即作是言《そくさぜごん》。汝等当知《にょとうとうち》。我今衰老《がこんすいろう》。死時已至《しじいし》。是好良薬《ぜこうろうやく》。今留在此《こんるざいし》。汝可取服《にょかしゅぶく》。勿憂不差《もつつふさい》。作是教已《さぜきょうい》。復至他国《ぶしたこく》。遣使還告《けんしげんごう》。汝父已死《にょぶいし》。是時諸子《ぜじしょし》。聞父背喪《もんぶはいそう》。心大憂悩《しんだいうのう》。而作是念《にさぜねん》。若父在者《にゃくぶざいしゃ》。慈愍我等《じみんがとう》。能見救護《のうけんくご》。今者捨我《こんじゃしゃが》。遠喪他国《おんそうたこく》。自惟孤露《じゆいころ》。無復恃怙《むぶじこ》。

【訓読】

父《ちち》是《こ》の念《ねん》を作《な》さく、此《こ》の子《こ》愍《あわ》れむべし。毒《どく》に中《やぶ》られて、心《こころ》皆《みな》①顛倒《てんどう》せり。我《われ》を見《み》て喜《よろこ》んで、救療《くりょう》を求索《もと》むと雖《いえど》も、是《かく》の如《ごと》き好《よ》き薬《くすり》を、而《しか》も肯《あ》えて服《ふく》せず。我今当《われいままさ》に方便《ほうべん》を設《もう》けて、此《こ》の薬《くすり》を服《ふく》せしむべし。即《すなわ》ち是《こ》の言《ことば》を作《な》さく、汝等当《なんだちまさ》に知《し》るべし。我今衰老《われいますいろう》して、死《し》の時已《ときすで》に至《いた》りぬ。是《こ》の好《よ》き良薬《ろうやく》を、今留《いまとど》めて此《ここ》に在《お》く。汝《なんじ》取《と》って服《ふく》すべし。差《い》えじと憂《うれ》うること勿《なか》れ。是《こ》の教《おしえ》を作《な》し已《おわ》って復《また》他国《たこく》に至《いた》り、使《つかい》を遣《つかわ》して還《かえ》って告《つ》げしむ、汝《なんじ》が父已《ちちすで》に死《し》しぬ。是《こ》の時《とき》に諸《もろもろ》の子《こ》、父《ちち》②背喪《はいそう》せりと聞《き》き、心大《こころおお》いに憂悩《うのう》して、是《こ》の念《ねん》を作《な》さく、若《も》し父在《ちちいま》しなば、我等《われら》を慈愍《じみん》して、能《よ》く救護《くご》せられまし。今者《いま》、我《われ》を捨《す》てて、遠《とお》く他国《たこく》に喪《そう》したまいぬ。自《みずか》ら惟《おもんみ》るに③孤露《ころ》にして復《また》④恃怙《じこ》無《な》し。

【通釈】

そこで、父は『この子たちは実に不憫《ふびん》である。毒にあたって、心まですべて錯誤してしまった。私を見て喜び、治療・救済を求めるのに、これほどの良薬を前にしながら、あえて服用しない。私は今、まさに方便を設けて、良薬をこの子供たちに服用させよう』と考え、『子供たちよ、よく知っておきなさい。私は、もはや老い衰えて、死の時を迎えようとしている。この大良薬を、今、ここに留め置いていくから、汝らは、これを取って必ず服用しなさい。毒病が癒《い》えないと思って落胆《らくたん》してはならない』と子供たちに告げた。このように教えたあと、父は再び他国へ赴き、使者を遣わして『君たちの父は、他国で亡くなった』と告げさせた。この時、大勢の子供たちは、父が旅先で世を去ったと聞き、心が憂いに打ちひしがれて、『もし父がおられたら、私たちを慈《いつく》しみ愍《あわ》れんで、必ず救済して護ってくれたであろうに……。今はもう、私たちを見捨てて、遠い他国で亡くなってしまった。惟《おも》うに、私たちは孤児となり、もはや頼るべき人もなくなってしまった』と思い歎いた。

【語句解説】

①顛倒……煩悩などのために誤った見方・在り方をすること。正理に反すること。

②背喪……肉身の者の期待に背いて死ぬこと。

③孤露……みなし子。親がいないこと。露はむきだしの意。久遠の仏を知らない迷いの衆生を孤児に譬えたもの。

④恃怙……頼りとするところ。よりどころ。

常懐悲感《じょうえひかん》。心遂醒悟《しんずいしょうご》。乃知此薬《ないちしやく》。色香味美《しきこうみみ》。即取服之《そくしゅぶくし》。毒病皆愈《どくびょうかいゆ》。其父聞子《ごぶもんし》。悉已得差《しっちとくさい》。尋便来帰《じんべんらいき》。咸使見之《げんしけんし》。諸善男子《しょぜんなんし》。於意云何《おいうんが》。頗有人能《はうにんのう》。説此良医《せっしろうい》。虚妄罪不《こもうざいふ》。不也《ほっちゃ》。世尊《せそん》。仏《ぶつ》言《ごん》。我亦如是《がやくにょぜ》。成仏已来《じょうぶついらい》。無量無辺《むりょうむへん》。百千万億《ひゃくせんまんのく》。那由他《なゆた》。阿僧祇劫《あそうぎこう》。為衆生故《いしゅじょうこ》。以方便力《いほうべんりき》。言当滅度《ごんとうめつど》。亦無有能《やくむうのう》。如法説我《にょほうせつが》。虚妄過者《こもうかしゃ》。

【訓読】

常《つね》に悲感《ひかん》を懐《いだ》いて、心遂《こころつい》に①醒悟《しょうご》しぬ。乃《すなわ》ち此《こ》の薬《くすり》の色香味美《しきこうみみ》を知《し》って、即《すなわ》ち取《と》って之《これ》を服《ふく》するに、毒《どく》の病《やまい》皆愈《みない》ゆ。其《そ》の父《ちち》、子《こ》悉《ことごと》く已《すで》に差《い》ゆることを得《え》つと聞《き》いて、尋《つ》いで便《すなわ》ち来《きた》り帰《かえ》って、咸《ことごと》く之《これ》に見《まみ》えしむ。諸《もろもろ》の善男子《ぜんなんし》、意《こころ》に於《おい》て云何《いかん》。頗《も》し人《ひと》の、能《よ》く此《こ》の良医《ろうい》の虚妄《こもう》の罪《つみ》を説《と》

く有《あ》らんや不《いな》や。不《いな》なり、世尊《せそん》。仏《ほとけ》の言《のたま》わく、我《われ》も亦是《またかく》の如《ごと》し。成仏《じょうぶつ》してより已来《このかた》、無量無辺《むりょうむへん》百千万億那由他阿僧祇劫《ひゃくせんまんのくなゆたあそうぎこう》なり。衆生《しゅじょう》の為《ため》の故《ゆえ》に、方便力《ほうべんりき》を以《もっ》て、当《まさ》に滅度《めつど》すべしと言《い》う。亦能《またよ》く法《ほう》の如《ごと》く、我《わ》が②虚妄《こもう》の過《とが》を説《と》く者有《ものあ》ること無《な》けん。

【通釈】

子供たちは、こうして常に悲しみの感情にさいなまれたが、その末、ついに覚醒し、本心を取り戻したのである。そして、この良薬の色・香り・味わいの優れたことを知り、すぐにこれを取って服用したところ、毒病はことごとく快癒したのである。その父は、子供たちが皆、本復することを得たと聞いて直ちに帰り、子供たちの前にその姿を見せたのである。すべての清浄なる者たちよ、この話を、汝らの心で、どのように受け止めるであろうか。だれであれ、強いてこの良医に虚妄の罪があると非難する人があろうか、なかろうか」。

会座《えざ》の聴衆は答えた。「いいえ、ありません、世尊よ」。

仏は仰せになった。「私もまた、この良医と同様である。私が成仏してからこれまで、無量無辺百千万億那由他阿僧祇劫にもなる。衆生を教化するためにこそ、方便の力を用いて『まさに滅度するであろう』と述べるのである。しかしまた、こうした道理の上から、私に虚妄の罪を問う者はけっしていないであろう」と。

【語句解説】

①醒悟……煩悩の迷いから醒めて、本心に立ちかえること。

②虚妄……真実でないこと。いつわり。

爾時世尊《にじせそん》。欲重宣此義《よくじゅうせんしぎ》。而説偈言《にせつげごん》。
自我得仏来《じがとくぶつらい》。所経諸劫数《しょきょうしょこっしゅ》。無量百千万《むりょうひゃくせんまん》。億載阿僧祇《おくさいあそうぎ》。常説法教化《じょうせっぽうきょうけ》。無数億衆生《むしゅおくしゅじょう》。令入《りょうにゅう》
於仏道《おぶつどう》。爾来無量劫《にらいむりょうこう》。為度衆生故《いどしゅじょうこ》。方便現涅槃《ほうべんげんねはん》。而実不滅度《にじつふめつど》。常住此説法《じょうじゅうしせっぽう》。我常住於此《がじょうじゅうおし》。
以諸神通力《いしょじんづうりき》。令顛倒衆生《りょうてんどうしゅじょう》。雖近而不見《すいごんにふけん》。

【訓読】

爾《そ》の時《とき》に世尊《せそん》、重《かさ》ねて此《こ》の義《ぎ》を宣《の》べんと欲《ほっ》して、偈《げ》を説《と》いて言《のたま》わく、
我仏《われほとけ》を得《え》てより来《このかた》　経《へ》たる所《ところ》の諸《もろもろ》の劫数《こっしゅ》
無量百千万《むりょうひゃくせんまん》　億載阿僧祇《おくさいあそうぎ》なり
常《つね》に法《ほう》を説《と》いて　無数億《むしゅおく》の衆生《しゅじょう》を教化《きょうけ》して
仏道《ぶつどう》に入《い》らしむ　爾《しか》しより来《このかた》　無量劫《むりょうこう》なり
衆生《しゅじょう》を度《ど》せんが為《ため》の故《ゆえ》に　方便《ほうべん》して涅槃①《ねはん》を現《げん》ず
而《しか》も実《じつ》には滅度②《めつど》せず　常《つね》に此《ここ》に住《じゅう》して法《ほう》を説《と》く
我常《われつね》に此《ここ》に住《じゅう》すれども　諸《もろもろ》の神通力③《じんづうりき》を以《もっ》て
顛倒《てんどう》の衆生《しゅじょう》をして　近《ちか》しと雖《いえど》も而《しか》も見《み》えざらしむ

【通釈】

時に世尊は、重ねてこの意義を明らかにしようとして、偈（詩文）をもって説かれた。

「私が仏果を得てから、これまでに経過した多くの劫数は、無量百千万億載阿僧祇にもなる。常に法を説いて無数億もの衆生を教化し、仏道に誘導してきた。こうして、これまでに無量劫を経ている。衆生を救済するためにこそ、方便として涅槃の相を現すのである。しかし、真実には滅度するのではなく、常にこの娑婆世界に住して、法を説いている。私は常にここに住しているが、あらゆる神通力を用いて、悪業によって真実を見誤っている衆生に対し、近くに私がいても見えないようにしているのである。

【語句解説】

①涅槃……仏の入滅のこと。

②滅度……涅槃のこと。入滅すること。

③神通力……神秘的な感応の力。神力・通力ともいう。仏・菩薩・阿羅漢などが具えているとされ、五神通・六神通などの種類がある。

衆《しゅ》見《けん》我《が》滅《めつ》度《ど》。広《こう》供《く》養《よう》舎《しゃ》利《り》。咸《げん》皆《かい》懐《え》恋《れん》慕《ぼ》。而《に》生《しょう》渇《かつ》仰《ごう》心《しん》。衆《しゅ》生《じょう》既《き》信《しん》伏《ぶく》。質《しち》直《じき》意《い》柔《にゅう》軟《なん》。一《いっ》心《しん》欲《よっ》見《けん》仏《ぶつ》。不《ふ》自《じ》惜《しゃく》身《しん》命《みょう》。時《じ》我《が》及《ぎゅう》衆《しゅ》僧《そう》。倶《く》出《しゅつ》霊《りょう》鷲《じゅ》山《せん》。我《が》時《じ》語《ご》衆《しゅ》生《じょう》。常《じょう》在《ざい》此《し》不《ふ》滅《めつ》。以《い》方《ほう》便《べん》力《りっ》故《こ》。現《げん》有《う》滅《めつ》不《ふ》滅《めつ》。余《よ》国《こく》有《う》衆《しゅ》生《じょう》。恭《く》敬《ぎょう》信《しん》楽《ぎょう》者《しゃ》。我《が》復《ぶ》於《お》彼《ひ》中《ちゅう》。為《い》説《せつ》無《む》上《じょう》法《ほう》。

【訓読】

衆《しゅ》我《わ》が滅度《めつど》を見《み》て　広《ひろ》く①舎利《しゃり》を供養《くよう》し
咸《ことごと》く皆恋慕《みなれんぼ》を懐《いだ》いて　渇仰《かつごう》の心《こころ》を生《しょう》ず
衆生既《しゅじょうすで》に信伏《しんぶく》し　②質直《しちじき》にして意《こころ》柔軟《にゅうなん》に
一心《いっしん》に仏《ほとけ》を見《み》たてまつらんと欲《ほっ》して　自《みずか》ら身命《しんみょう》を惜《お》しまず
時《とき》に我及《われおよ》び衆僧《しゅそう》　倶《とも》に③霊鷲山《りょうじゅせん》に出《い》ず
我時《われとき》に衆生《しゅじょう》に語《かた》る　常《つね》に此《ここ》に在《あ》って滅《めっ》せず
方便力《ほうべんりき》を以《もっ》ての故《ゆえ》に　滅不滅《めっふめつ》有《あ》りと現《げん》ず
余国《よこく》に衆生《しゅじょう》の　恭敬《くぎょう》し信楽《しんぎょう》する者《もの》有《あ》れば
我復彼《われまたか》の中《なか》に於《おい》て　為《ため》に④無上《むじょう》の法《ほう》を説《と》く

【通釈】

衆生は、私の入滅を見たならば、多様を尽《つ》くして仏舎利を供養し、そしてあらゆる人々が皆、心から仏を慕う思いを懐き、熱く求めて仰ぎ敬う心を生ずるであろう。衆生が、こうして仏に信伏し、極めて素直で柔和な心をもって、一心に仏を拝見しようと願い、自らの身命すら惜しまなくなったならば、時に応じて、私は多くの弟子たちと共に、霊鷲山に出現するのである。その時に、私は衆生に語るであろう。『私は、常にこの娑婆世界にあって滅することがない。ただ方便の力用《りきゆう》によって、滅・不滅の相があることを現すのである』と。また娑婆世界以外の国々においても、私を心から敬い、信じ求める者がいたならば、私はまた、かの国土に出現し、その人たちのために無上真実の法を説くのである。

【語句解説】

①舎利……仏の遺骨。仏舎利。塔に納めて供養し、信仰の対象とした。舎利には仏の肉身の遺体を指す生身の舎利と、仏の遺した教法・教典を指す法身の舎利の二種がある。この二種の舎利に、またそれぞれ全身と砕身の区別がある。

②質直……誠実で正直なこと。素直なこと。

③霊鷲山……中インドの摩訶提国の首都・王舎城の北東にあり、釈尊が法華経などを説いた山。耆闍《ぎしゃ》崛山《くっせん》、霊山ともいう。

④無上……この上もないこと。最もすぐれたこと。最上の意。

汝等《にょとう》不聞此《ふもんし》。但謂《たんに》我滅度《がめつど》。我見《がけん》諸衆生《しょしゅじょう》。没在《もつざい》於苦海《おくかい》。故不為《こふい》現身《げんしん》。令其《りょうご》生渇仰《しょうかつごう》。因其《いんご》心恋慕《しんれんぼ》。乃出《ないしゅつ》為説法《いせっぽう》。神通力《じんづうりき》如是《にょぜ》。於阿《おあ》僧祇劫《そうぎこう》。常在《じょうざい》霊鷲山《りょうじゅせん》。及余《ぎゅうよ》諸住処《しょじゅうしょ》。衆生《しゅじょう》見劫尽《けんこうじん》。大火《だいか》所焼時《しょしょうじ》。我此《がし》土安穏《どあんのん》。天人《てんにん》常《じょう》充満《じゅうまん》。

【訓読】

汝等《なんだち》此《これ》を聞《き》かずして　但《ただ》我《われ》滅度《めつど》すと謂《おも》えり

我《われ》諸《もろもろ》の衆生《しゅじょう》を見《み》るに　①苦海《くかい》に没在《もつざい》せり
故《かるがゆえ》に為《ため》に身《み》を現《げん》ぜずして　其《それ》をして渇仰《かつごう》を生《しょう》ぜしむ
其《そ》の心《こころ》の恋慕《れんぼ》するに因《よ》って　乃《すなわ》ち出《い》でて為《ため》に法《ほう》を説《と》く
神通力《じんづうりき》是《かく》の如《ごと》し　②阿僧祇劫《あそうぎこう》に於《おい》て
常《つね》に霊鷲山《りょうじゅせん》　及《およ》び余《よ》の諸《もろもろ》の住処《じゅうしょ》に在《あ》り
衆生《しゅじょう》③劫《こう》尽《つ》きて　大火《だいか》に焼《や》かるると見《み》る時《とき》も
我《わ》が此《こ》の土《ど》は安穏《あんのん》にして　天人《てんにん》常《つね》に充満《じゅうまん》せり

【通釈】

汝らはこのことを聞かずに、ただ私が滅度すると思っている。私があらゆる衆生を見わたすところ、みな苦悩の生死海にうずもれている。このため、私は、わざと身を現さず、その者たちに、仏を熱く求めて仰ぎ敬う心を生じさせる。そして心からあこがれ仏を慕ったとき、はじめて身を現して、その者たちのために法を説くのである。仏の神通力とは、まさにこうしたものである。阿僧祇劫もの長時にわたって、私は、常に霊鷲山をはじめ、その他のあらゆる国土に住している。衆生にとっては、住劫が尽きて壊劫に入り、世の一切が大火に焼かれて滅尽すると見える時でも、私が住するこの仏国土は安穏であり、天の諸神や清浄な人々で充ち満ちている。

【語句解説】

①苦海……生死、苦悩が海のように果てしなく広がっている世界。
②阿僧祇劫……数えることのできない長い期間のこと。

③劫……四劫中の住劫のこと。四劫とは四種の時劫のことで、一世界が成立し、継続、破壊を経て次に成立するまでを、成・住・壊・空の四期に分けたもの。四劫が一度輪回《りんね》する期間を一大劫という。成・住・壊・空の四劫の各々を中劫といい、それぞれ二十小劫から成る。

園林諸堂閣《おんりんしょどうかく》。種種宝荘厳《しゅじゅほうしょうごん》。宝樹多華菓《ほうじゅたけか》。衆生所遊楽《しゅじょうしょゆうらく》。諸天撃天鼓《しょてんぎゃくてんく》。常作衆伎楽《じょうさっしゅぎがく》。雨曼陀羅《うまんだら》
華《け》。散仏及大衆《さんぶつぎゅうだいしゅ》。我浄土不毀《がじょうどふき》。而衆見焼尽《にしゅけんしょうじん》。憂怖諸苦悩《うふしょくのう》。如是悉充満《にょぜしつじゅうまん》。是諸罪衆生《ぜしょざいしゅじょう》。以悪《いあく》
業因縁《ごういんねん》。過阿僧祇劫《かあそうぎこう》。不聞三宝名《ふもんさんぼうみょう》。

【訓読】

園林《おんりん》 諸《もろもろ》 の堂閣《どうかく》　種種《しゅじゅ》の宝《たから》をもって荘厳《しょうごん》し
宝樹《ほうじゅ》華菓《けか》多《おお》くして　衆生《しゅじょう》の①遊楽《ゆうらく》する所《ところ》なり
諸天《しょてん》天《てん》の鼓《つづみ》を撃《う》って　常《つね》に衆《もろもろ》の②伎楽《ぎがく》を作《な》し
③曼陀羅華《まんだらけ》を雨《ふ》らして　仏《ほとけ》及《およ》び大衆《だいしゅ》に散《さん》ず
我《わ》が浄土《じょうど》は毀《やぶ》れざるに　而《しか》も衆《しゅ》は焼《や》け尽《つ》きて
④憂怖《うふ》 諸《もろもろ》 の苦悩《くのう》　是《か》くの如《ごと》く悉《ことごと》く充満《じゅうまん》せりと見《み》る
是《こ》の 諸《もろもろ》 の罪《つみ》の衆生《しゅじょう》は　⑤悪業《あくごう》の因縁《いんねん》を以《もっ》て

阿僧祇劫《あそうぎこう》を過《す》ぐれども　三宝《さんぼう》の名《みな》を聞《き》かず

【通釈】

仏国土の園や林、あらゆる堂宇・楼閣は、様々な宝をもって荘厳され、七宝で飾られた樹木には、多くの華が咲き、菓を結んで、衆生が遊楽する場所となっている。諸天善神は、天の鼓を打ち鳴らして常に様々な音楽を奏《かな》で、また曼陀羅華を雨らして、仏をはじめ大衆に散じ、供養している。我が浄土は、このように常住で壊れないにもかかわらず、衆生には、世界が焼け尽きて、憂いや怖れ、あらゆる苦悩が、こんなにも満ちあふれていると見えるのである。こうしたすべての罪多き衆生は、悪業の因縁によって、阿僧祇劫もの長時が経過しようとも、仏法僧の三宝の名前すら聞くことができない。

【語句解説】

①遊楽……遊び楽しむこと。仏法を敬愛し、善を行い、徳を積んで自ら楽しむ法楽の意。

②伎楽……天人の奏でる音楽。

③曼陀羅華……天上界から降ってくる美妙な華。四種の蓮華、すなわち曼陀羅華・摩訶曼陀羅華・曼珠沙華・摩訶曼珠沙華の一つ。

④憂怖……憂《うれ》い怖《おそ》れる念《おも》い。

⑤悪業……苦果を招く身口意の三業による悪《あ》しき行為。とりわけ謗法の悪業を指す。

諸有修功徳《しょうしゅくどく》。柔和質直者《にゅうわしちじきしゃ》。則皆見我身《そっかいけんがしん》。在此而説法《ざいしにせっぽう》。或時為此衆《わくじいししゅ》。説仏寿無量《せつぶつじゅむりょう》。久乃見仏者《くないけんぶっしゃ》。為説仏難値《いせつぶつなんち》。我智力如是《がちりきにょぜ》。慧光照無量《えこうしょうむりょう》。寿命無数劫《じゅみょうむしゅこう》。久修業所得《くしゅごうしょとく》。汝等有智者《にょとううちしゃ》。勿於此生《もっとししょう》疑《ぎ》。当断令永尽《とうだんりょうようじん》。仏語実不虚《ぶつごじっぷこ》。

【訓読】

諸《もろもろ》の有《あ》らゆる功徳《くどく》を修《しゅ》し　柔和質直《にゅうわしちじき》なる者《もの》は
則《すなわ》ち皆《みな》我《わ》が身《み》　此《ここ》に在《あ》って法《ほう》を説《と》くと見《み》る
或時《あるとき》は此《こ》の衆《しゅ》の為《ため》に　仏寿無量《ぶつじゅむりょう》なりと説《と》く
久《ひさ》しくあって乃《いま》し仏《ほとけ》を見《み》たてまつる者《もの》には　為《ため》に仏《ほとけ》には値《あ》い難《がた》しと説《と》く
我《わ》が①智力《ちりき》是《かく》の如《ごと》し　②慧光《えこう》照《てら》すこと無量《むりょう》に
寿命《じゅみょう》無数劫《むしゅこう》なり　久《ひさ》しく業《ごう》を修《しゅ》して得《う》る所《ところ》なり
汝等《なんだち》智《ち》有《あ》らん者《もの》　此《ここ》に於《おい》て疑《うたがい》を生《しょう》ずること勿《なか》れ
当《まさ》に断《だん》じて永《なが》く尽《つ》きしむべし　仏語《ぶつご》は実《じつ》にして虚《むな》しからず

【通釈】

それに対し、あらゆる功徳を修め、柔和で正直な者にとっては、皆、私の身相がここにあって、法を説いていると見える。そこで、私は、ある時には、こうした衆生のために『仏の寿命は無量である』と説き、また久しい時を経てようやく仏を拝見した者たちには『仏には非常に値いがたい』と説くのである。私の智慧の力は、まさにこうしたものである。その智慧の光明が照らすところは無量であり、その智慧の寿命は無数劫にもわたる。それは久しく善業（菩薩道）を修して得た果報である。汝らよ、智慧明らかな者たちよ、このことに対して疑いを生じてはならない。まさに疑いを残すところなく、永遠に断じ尽くしなさい。仏の語るところは、すべて真実であって、わずかの虚妄もない。

【語句解説】

①智力……仏の智慧の力。

②慧光……智慧の光明。

如《にょ》医《い》善《ぜん》方《ほう》便《べん》。為《い》治《じ》狂《おう》子《し》故《こ》。実《じつ》在《ざい》而《に》言《ごん》死《し》。無《む》能《のう》説《せっ》虚《こ》妄《もう》。我《が》亦《やく》為《い》世《せ》父《ぶ》。救《く》諸《しょ》苦《く》患《げん》者《しゃ》。為《い》凡《ぼん》夫《ぶ》顛《てん》倒《どう》。
実《じつ》在《ざい》而《に》言《ごん》滅《めつ》。以《い》常《じょう》見《けん》我《が》故《こ》。而《に》生《しょう》憍《きょう》恣《し》心《しん》。放《ほう》逸《いつ》著《じゃく》五《ご》欲《よく》。堕《だ》於《お》悪《あく》道《どう》中《ちゅう》。我《が》常《じょう》知《ち》衆《しゅ》生《じょう》。行《ぎょう》道《どう》
不《ふ》行《ぎょう》道《どう》。随《ずい》応《おう》所《しょ》可《か》度《ど》。為《い》説《せっ》種《しゅ》種《じゅ》法《ほう》。毎《まい》自《じ》作《さ》是《ぜ》念《ねん》。以《い》何《が》令《りょう》衆《しゅ》生《じょう》。得《とく》入《にゅう》無《む》上《じょう》道《どう》。速《そく》成《じょう》就《じゅ》仏《ぶっ》身《しん》。

【訓読】

医《くすし》の善《よ》き方便《ほうべん》をもって　狂子《おうじ》を治《じ》せんが為《ため》の故《ゆえ》に
実《じつ》には在《あ》れども而《しか》も死《し》すと言《い》うに　能《よ》く虚妄《こもう》と説《と》くもの無《な》きが如《ごと》く
我《われ》も亦《また》為《こ》れ世《よ》の父《ちち》　諸《もろもろ》の①苦患《くげん》を救《すく》う者《もの》なり

凡夫《ぼんぷ》の顛倒《てんどう》せるを為《もっ》て　実《じつ》には在《あ》れども而《しか》も滅《めっ》すと言《い》う
常《つね》に我《われ》を見《み》るを以《もっ》ての故《ゆえ》に　而《しか》も憍恣《きょうし》の心《こころ》を生《しょう》じ
②放逸《ほういつ》にして③五欲《ごよく》に著《じゃく》し　悪道《あくどう》の中《なか》に堕《お》ちなん
我常《われつね》に衆生《しゅじょう》の　道《どう》を行《ぎょう》じ道《どう》を行《ぎょう》ぜざるを知《し》って
応《まさ》に度《ど》すべき所《ところ》に随《したが》って　為《ため》に種種《しゅじゅ》の法《ほう》を説《と》く
毎《つね》に自《みずか》ら是《こ》の念《ねん》を作《な》さく　何《なに》を以《もっ》てか衆生《しゅじょう》をして
無上道《むじょうどう》に入《い》り　速《すみや》かに仏身《ぶっしん》を成就《じょうじゅ》することを得《え》せしめんと

【通釈】

良医が巧みな方便を用いて、毒病に冒《おか》され、本心を失った子たちを治癒させるために、実際には生きているのに『父は死んだ』と伝言させたことについて、あえて虚妄だと非難する者がないのと同様に、私もまた、世の一切衆生の父であり、あらゆる苦悩や病患から救済する者である。凡夫が見誤って道理に背いていることにより、真実には世に存在しているのに、あえて『滅度する』と私は説くのである。そうでなければ、常に私を見ることによって、かえってほしいままに憍《おご》り高ぶり、勝手気ままに振る舞って五欲にふけり、悪道に堕落していくであろう。私は、常に、衆生のなかに、仏道を修行する者と修行しない者とを知り、まさにそれぞれの救済すべき方途に従って、種々の法を説くのである。私は、常に念《おも》いめぐらしている。『どのようにしたら、あらゆる衆生が無上菩提の道へ入り、それぞれ速やかに仏身を成就することができるであろうか』と」。

【語句解説】

①苦患……悩み。苦しみ。

②放逸……わがままなこと。勝手気ままなこと。

③五欲……五種の欲望のこと。眼・耳・鼻・舌・身の五根が、色《しき》・声《しょう》・香・味・触《そく》の五境を対境として起こす欲。

御観念文

初座　諸天供養

①生身妙覚《しょうしんみょうがく》②自行《じぎょう》の御利益《ごりやく》、③大梵天王《だいぼんてんのう》・④帝釈天王《たいしゃくてんのう》・⑤大日天王《だいにってんのう》・⑥大月天王《だいがってんのう》・⑦大明星天王《だいみょうじょうてんのう》等
総じて法華守護《ほっけしゅご》の諸天善神《しょてんぜんじん》、⑧諸天昼夜常為法故而衛護之《しょてんちゅうやじょういほうこにえごし》の御利益《ごりやく》、⑨法味倍増《ほうみばいぞう》の御為《おんため》に

【通釈】
生身のままに妙覚《みょうがく》の位《くらい》に至《いた》り自行真実《じぎょうしんじつ》の御利益を具《そな》えた大梵天王、帝釈天王、大日天王、大月天王、大明星天王等、そのほかすべての法華経《ほけきょう》守護の諸天善神よ、今ここに妙法の法味を捧《ささ》げるが故にその威光勢力《いこうせいりき》を倍増して、経文に「諸天昼夜に、常《つね》に法《ほう》の為《ため》の故《ゆえ》に、而《しか》も之《これ》を衛護《えいご》す」と説《と》かれるところの正法守護の御利益を験《あら》わしたまえ。

【語句解説】
①生身妙覚……「生身」とは現に生きている身のことで、「生身妙覚」は即身成仏の意である。法華経の会座において文底体内の寿量品を信受した諸天善神が、久遠元初における本仏の本来の位（名字即位）のままの内証において、即座に最高の悟りの境界である妙覚位（五十二位の最高位）に至ったこと。『法華取要抄』には「若《も》し爾《しか》れば今我等天に向かって之《これ》を見れば生身の妙覚の仏が本位に居《こ》して衆生を利益する是なり」（御書七三四㌻）と御教示である。
②自行の御利益……自行とは、通常、化他に対する語であるが、ここでは方便化他を有さない真実の法を悟った功徳のこと。御利益とは、神仏が衆生に与える利益。

③大梵天王……色界《しきかい》の初禅天《しょぜんてん》の主として帝釈天と並んで諸天の最高位を占《し》める仏法の守護神《しゅごしん》。

④帝釈天王……梵天《ぼんてん》とともに仏法を守護する善神の一。須弥山《しゅみせん》の山頂の忉利天《とうりてん》の主で、喜見城《きけんじょう》に住み、四天王《してんのうおよ》及び三十三天《さんじゅうさんてん》を統領《とうりょう》する。法華経の序品には眷属二万と共に列座している。

⑤大日天王……日天子《にってんじ》のこと。三光天子《さんこうてんじ》の一。太陽を神格化したもの。日宮殿に住して、四洲《しす》を照らす。帝釈の内臣《ないしん》ともされる。法華経の序品《じょほん》には宝光天子《ほうこうてんじ》として列座《れつざ》している。

⑥大月天王……月天子のこと。三光天子の一。月を神格化したもの。月宮殿に住み四天下を照らす。

⑦大明星天王……明星天子のこと。日天《にってん》・月天《がってん》と並《なら》んで三光天子の一。星の代表としての金星《きんせい》を神格化したもの。普光天子ともいう。

⑧諸天昼夜～而衛護之……法華経安楽行品《あんらくぎょうほん》第十四の文。「虚空《こくう》の諸天《しょてん》、法《ほう》を聴《き》かんが為《ため》の故《ゆえ》に、亦常《またつね》に随侍《ずいじ》せん。若《も》し聚落《じゅらく》、城邑《じょうおう》、空閑《くうげん》、林中《りんちゅう》に在《あ》らんとき、人有《ひとあ》り、来《きた》って難問《なんもん》せんと欲《ほっ》せば、諸天昼夜《しょてんちゅうや》に、常《つね》に法《ほう》の為《ため》の故《ゆえ》に、而《しか》も之《これ》を衛護《えいご》す」（法華経三九六ページ）とある。

⑨法味……微妙《みみょう》にして深遠《しんえん》なる仏法を食物の美味《びみ》に譬えたもの。法華経は五味《ごみ》中の醍醐味《だいごみ》に当たるが、末法においては大聖人の本因下種の南無妙法蓮華経が最高の法味となる。諸天善神はこれを食《じき》として威光勢力を増す。

二座　本尊供養

南無《なむ》本門《ほんもん》　①寿量品《じゅりょうほん》の肝心《かんじん》・②文底《もんてい》秘沈《ちひん》の大法《だいほう》・③本地《ほんち》難思《なんし》境《きょう》智《ち》冥合《みょうごう》・④久遠元初《くおんがんじょ》・自受用報身如来《じじゅゆうほうしんにょらい》の御当体《ごとうたい》・⑤十界本有《じっかいほんぬ》常住《じょうじゅう》・⑥事《じ》の一念三千《いちねんさんぜん》・⑦人法一箇《にんぽういっか》・⑧独一本門戒壇《どくいちほんもんかいだん》の大御本尊《だいごほんぞん》、御威光倍増《ごいこうばいぞう》御利益広大《ごりやくこうだい》御報恩謝徳《ごほうおんしゃとく》の御為《おんため》に

【通釈】

法華経本門寿量品の肝心、文底秘沈の大法、本地難思境智冥合、久遠元初、自受用報身如来の御当体、十界本有常住、事の一念三千、人法一箇、独一本門戒壇の大御本尊に南無し奉り、今その御威光《いこう》が倍増せられ、広大なる御利益に浴することに御報恩謝徳申し上げます。

【語句解説】

①寿量品の肝心……寿量品の文底に秘沈された南無妙法蓮華経、すなわち本門の本尊のこと。『観心本尊抄』には「寿量品の肝心たる妙法蓮華経の五字を以て閻浮の衆生に授与せしめたまふ」（御書六五七ジ）とある。

②文底秘沈の大法……法華経本門寿量品の文底に秘沈された三大秘法の南無妙法蓮華経のこと。

③本地難思境智冥合……本地とは、本来の境地のこと。仏・菩薩の本体のこと。垂迹に対する語。難思とは、思議しがたいこと。すなわち、文上では寿量品において初めて五百塵点劫という久遠の昔に釈尊が既に成道（久遠実成）していたことを明かしたが、文底においては、さらにその五百

塵点劫の釈尊を垂迹とする久遠元初という思議しがたい御本仏の本地が明かされること。境智冥合とは、所観の対象である境と、それを観ずる智慧とが深く融合すること。久遠元初の因果一念の境智。仏界即九界、九界即仏界という御本仏の即身成仏の境界。

④久遠元初自受用報身如来……久遠元初とは久遠五百塵点劫の当初《そのかみ》のことで文底の本地。自受用身とは他受用身に対する語。『百六箇抄』に「久遠名字已来本因本果の主、本地自受用報身の垂迹上行菩薩の再誕、本門の大師日蓮」（御書一六八五ページ）とあるように、末法の御本仏日蓮大聖人を指す。

⑤十界本有常住……十界とは、地獄界・餓鬼界・畜生界・修羅界・人界・天界・声聞界・縁覚界・菩薩界・仏界の十種類の衆生の境界のこと。本有常住とは、本来《ほんらい》ありのままに存在《そんざい》し、それが生滅変遷することなく永遠に存在すること。ここでは御本仏の己心に具わる十界を指す。日寛上人は『法華取要抄私記』に「末法の本尊とは、本門の南無妙法蓮華経日蓮大聖人是れなり。是れ我等が為の能引なり。十界の聖衆は、是れ日蓮体具の十界の聖衆なり。日蓮体具の十界を顕わす時に、釈迦・多宝等の十界の聖衆を書き顕わし給う者なり。されば能具の人既に下種の法主なる間、所具の釈迦・多宝等の十界の聖衆も皆悉く生身の妙覚の仏なり」（文段五八二ページ）と御教示である。

⑥事の一念三千……事の一念三千とは文上の意からは、一往、本門寿量品において仏果の上から三妙合論して一念三千を説き明かしたことを指すが、再往、文底の意からは、『本因妙抄』に「文底とは久遠実成の名字の妙法を余行にわたさず、直達正観・事行の一念三千の南無妙法蓮華経是《これ》なり」（御書一六八四ページ）とあるように、寿量品の文底に秘沈された久遠元初の御本仏の当体である三大秘法の南無妙法蓮華経が真実の事の一念三千となる。

⑦人法一箇……人とは人本尊のことで、久遠元初自受用身たる宗祖日蓮大聖人。法とは法本尊のことで、事の一念三千の南無妙法蓮華経。この人本尊と法本尊が、一体不二であること。『御義口伝』には「自受用身とは一念三千なり、伝教の云はく、一念三千即自受用身、自受用身とは尊形《そんぎょう》を出でたる仏と。出尊形仏とは無作の三身と云ふ事なり」（御書一七七二ページ）とあり、自受用身（人）と一念三千（法）が一体なることを説かれている。

⑧独一本門戒壇の大御本尊……独一本門とは、久遠元初下種本因妙のこと。垂迹の方便がない唯一の本門の故に独一という。『本因妙抄』には「迹門をば理具の一念三千と云ふ、脱益の法華は本迹共に迹なり。本門をば事行の一念三千と云ふ、下種の法華は独一本門なり」（御書一六七八ページ）とある。戒壇の大御本尊とは、本門の戒壇に安置すべき御本尊のことで、日蓮大聖人の出世の本懐たる弘安二（一二七九）年十月十二日御図顕の三大秘法総在の大御本尊の御事。

三座　三師供養

南無《なむ》①本因妙《ほんにんみょう》の教主《きょうしゅ》・②一身即三身《いっしんそくさんじん》・三身即一身《さんじんそくいっしん》・③三世《さんぜ》常恒《じょうごう》の御利益《ごりやく》・④主師親三徳《しゅししんさんとく》・⑤大慈大悲《だいじだいひ》・宗祖日蓮大聖人《しゅうそにちれんだいしょうにん》、御威光倍増御利益広大御報恩謝徳《ごいこうばいぞうごりやくこうだいごほうおんしゃとく》の御為《おんため》に

【通釈】

本因妙の教主、一身即三身・三身即一身にして三世常恒の御利益を施され、末法下種の主師親三徳を兼備せられた大慈大悲の宗祖日蓮大聖人に南無し奉り、今その御威光が倍増せられ、広大なる御利益に浴することに御報恩謝徳申し上げます。

【語句解説】

①本因妙の教主……久遠元初の御本仏・宗祖日蓮大聖人のこと。本果妙の教主である久遠実成の釈尊に対する語。『百六箇抄』に「本因妙の教主本門の大師日蓮」（御書一六八五㌻）とあり、日寛上人の『文底秘沈抄』には「釈尊は乃《すなわ》ち是れ熟脱の教主なり、蓮祖は即ち是れ下種の教主なり、故に本因妙の教主と名づくるなり」（六巻抄五二㌻）とある。

②一身即三身・三身即一身……一身とは久遠元初の自受用報身如来のこと。三身とは法・報・応の無作三身のことで、自受用報身の一身に即三身が具わること。

③三世常恒の御利益……過去・現在・未来の三世にわたり、一切衆生に対して常に本因下種の御利益を施されていること。

④主師親三徳……末法下種の御本仏に具わる三徳のこと。日蓮大聖人は『開目抄』に「日蓮は日本国の諸人に主師父母なり」（御書五七七㌻）と、御自身が末法下種三徳を兼備した御本仏であることを示されている。

⑤大慈大悲……仏の広大無辺な慈悲のこと。一切衆生に楽を与えることを慈、衆生の苦を抜くことを悲という。『開目抄』には「日蓮が法華経の智解《ちげ》は天台伝教には千万が一分も及ぶ事なけれども、難を忍び慈悲のすぐれたる事はをそれをもいだきぬべし」（御書五四〇㌻）とあり、『報恩抄』には「日蓮が慈悲曠大《こうだい》ならば南無妙法蓮華経は万年の外《ほか》未来までもなが《流布》るべし」（御書一〇三六㌻）とある。

南無《なむ》①法水瀉瓶《ほっすいしゃびょう》・②唯我与我《ゆいがよが》・③本門弘通《ほんもんぐづう》の大導師《だいどうし》・第二祖《だいにそ》白蓮《びゃくれん》④阿闍梨《あじゃり》日興上人《にっこうしょうにん》、御威光倍増《ごいこうばいぞう》御利益広大御報恩謝徳《ごりやくこうだいごほうおんしゃとく》の御為《おんため》に

【通釈】

御本仏日蓮大聖人より一器の水を一器に移すように法水を瀉瓶せられ、「唯我与我《ゆいがよが》」の御境界にあらせられる本門弘通の大導師・第二祖白蓮阿闍梨日興上人に南無し奉り、今その御威光が倍増せられ、広大なる御利益に浴することに御報恩謝徳申し上げます。

【語句解説】

①法水瀉瓶……法水とは妙法を清浄な水に譬えたもの。日蓮大聖人の仏法が師から弟子へと正しく伝承されることを、水が瓶《かめ》から瓶へ漏れなく移し替えられることに譬えたもの。唯授一人の血脈相承をいう。

②唯我与我……「唯《ただ》我《われ》と我《われ》とのみ」と読む。『本因妙抄』には「唯我日蓮与我日興」（御書一六八四ページ）とある。

③本門弘通の大導師……本門とは末法下種の本門のこと。導師とは仏道を説いて衆生を悟りに導く者の意で、仏・菩薩の敬称。『御義口伝』には「末法に入り今日蓮等の類は善の導師なり」（御書一七二四ページ）とある。本宗においては、特に僧宝の随一である日興上人を本門弘通の大導師と仰ぐ。

④阿闍梨……軌範師・教授・正行と訳す。師範たる高徳の僧の称。後世、僧位として用いられた。

南無《なむ》①一閻浮提《いちえんぶだい》の御座主《おんざす》・第三祖《だいさんそ》新田《にいだ》卿《きょう》阿闍梨《あじゃり》日目上人《にちもくしょうにん》、御威光倍増《ごいこうばいぞう》御利益《ごりやく》広大《こうだい》御報恩謝徳《ごほうおんしゃとく》の御為《おんため》に、南無妙法蓮華経、南無妙法蓮華経、南無妙法蓮華経

南無《なむ》日道上人《にちどうしょうにん》・日行上人《にちぎょうしょうにん》等《とう》②御歴代《ごれきだい》の御正師《ごしょうし》、御威光倍増《ごいこうばいぞう》御利益《ごりやく》広大《こうだい》御報恩謝徳《ごほうおんしゃとく》の御為《おんため》に

【通釈】

一閻浮提の御座主・第三祖新田卿阿闍梨日目上人に南無し奉り、今その御威光が倍増せられ、広大なる御利益に浴することに御報恩謝徳申し上げます。南無妙法蓮華経、南無妙法蓮華経、南無妙法蓮華経。

第四世日道上人、第五世日行上人等、宗祖日蓮大聖人よりの血脈法水を継承あそばされる御歴代の御正師に南無し奉り、今その御威光が倍増せられ、広大なる御利益に浴することに御報恩謝徳申し上げます。

【語句解説】

①一閻浮提の御座主……一閻浮提とは、仏教の世界観で、須弥山の南方に位置する四大洲の一つ。南閻浮提のこと。のちに人間世界全体を指すようになった。座主とは、学徳ともに優れた大寺の主席の僧のこと。『日興跡条々事』には「本門寺建立の時、新田卿阿闍梨日目を座主と為《な》す」（御書一八八三ページ）とある。

②御歴代の御正師……血脈付法の御歴代上人のこと。日寛上人の『文底秘沈抄』には「而《しか》して後、法を日目に付し、日目亦《また》日道に付す、今に至るまで四百余年の間一器の水を一器に移すが如く清浄の法水断絶せしむる事無し、蓮師の心月豈《あに》此に移らざらんや、是の故に御心今は富山《ふざん》に住したもうなり」（六巻抄六五ページ）とあり、また『当家三衣抄』には「南無一閻浮提の座主、伝法・日目上人師。嫡々付法歴代の諸師」（六巻抄二二五ページ）と御教示である。

四座　広宣流布祈念

祈念《きねん》し奉《たてまつ》る①一天四海《いってんしかい》②本因妙《ほんにんみょう》、③広宣流布《こうせんるふ》、④大願成就《だいがんじょうじゅ》御祈祷《ごきとう》の御為《おんため》に
某《それがし》過去《かこ》遠々劫《おんのんごう》現在《げんざい》⑤漫々《まんまん》の⑥謗法罪障《ほうぼうざいしょう》消滅《しょうめつ》、⑦現当二世《げんとうにせ》大願成就《だいがんじょうじゅ》の為《ため》に

【通釈】

御本仏の大願である一天四海にわたる本因妙の仏法の広宣流布が成就されるよう御祈念し奉ります。

自身が過去遠々劫より現在に至るまで積み重ねてきた謗法による罪障を消滅し、現当二世にわたる大願が成就しますよう祈念いたします。

【語句解説】

①一天四海……仏教の世界観でいう東弗婆提《とうほつばだい》、西瞿耶尼《さいくやに》、南閻浮提《なんえんぶだい》、北鬱単越《ほくうったんのつ》の四洲を四天下、または一天といい、東西南北の四方の大鹹海《だいかんかい》を四海という。この一天四海で一つの世界全体を表す。

②本因妙……本果妙に対する語。ここでは寿量文底下種の三大秘法のこと。

③広宣流布……仏法を広く宣《の》べ流布すること。法華経薬王菩薩本事品第二十三に「我が滅度の後、後の五百歳の中に、閻浮提に広宣流布して、断絶せしむること無けん」（法華経五三九ページ）とある。総本山大石寺では御開山日興上人以来、御歴代上人によって広宣流布を祈願するための丑寅勤行が行われている。

④大願……仏法を広宣流布することが仏の大願である。『御義口伝』に「大願とは法華弘通なり」（御書一七四九ページ）とあり、『最蓮房御返事』には「広宣流布の大願をも成就すべきなり」（御書六四二ページ）とある。

⑤漫々……広くて果てしないさま。

⑥謗法罪障……謗法とは誹謗正法のこと。罪障とは罪業による障り。つまり、正法を誹謗し成仏の障りとなる罪過のこと。

⑦現当二世……過去・現在・未来の三世中、現在世と当来世（未来世）の二世のこと。

五座　回　向

某《それがし》先祖《せんぞ》代々《だいだい》並《なら》びに当宗《とうしゅう》信仰《しんこう》の面々《めんめん》・①内得信仰《ないとくしんこう》の面々《めんめん》・各《おのおの》先祖《せんぞ》代々《だいだい》の諸《しょ》②精霊《しょうりょう》、③追善供養《ついぜんくよう》
④証《しょう》大菩提《だいぼだい》の為《ため》に、南無妙法蓮華経

【通釈】

この読経・唱題の功徳を自身の先祖代々、ならびに当宗を信仰している人々、内得信仰をしている人々、それぞれの先祖代々の諸精霊に対して追善供養し、大菩提を証するために回向申し上げます。

南無妙法蓮華経。

【語句解説】

①内得信仰……かつては本宗の信徒であることを公にせず信仰を持つことを指した。現在においては、いまだ自宅に御本尊を御安置していない状態をいう。

②精霊……死者の霊。

③追善供養……死者の成仏を願って行う供養のこと。

④証大菩提……「大菩提を証す」と読む。大菩提とは仏の最上究極の悟り、無上菩提のことで、これを証するとは、すなわち成仏すること。

乃至《ないし》①法界平等《ほうかいびょうどう》利益《りやく》自他《じた》倶《ぐ》安同帰《あんどうき》②寂光《じゃっこう》

【通釈】

この読経・唱題による多大な利益を法界の一切にあまねく平等に及ぼし、自他倶《とも》に仏道を成じて安《やす》らかに同じく常寂光土に帰することができますように。

【語句解説】

①法界……法とは一切諸法、界とは差別・境界の意。有情《うじょう》・非情にわたる十界三千の存在および現象のこと。

②寂光……仏の真実の悟りの境界、ならびにその国土。常寂光土のこと。法華経化城喩品第七に「願わくは此の功徳を以て　普《あまね》く一切に及ぼし　我等と衆生と　皆共に仏道を成ぜん」（法華経二六八ページ）とあり、天台大師の『摩訶止観』には「自他倶《とも》に安《やす》んじて、同じく常寂に帰す」（止観会本上九四ページ）とある。

日蓮正宗　勤行要典の解説

平成二十年三月二十八日　初　版発行
令和四年十二月二十八日　第十刷発行

編　集　日　蓮　正　宗　宗　務　院

発　行　株式会社　大　日　蓮　出　版
静岡県富士宮市上条五四六番地の一

印　刷　株式会社　きうちいんさつ

ISBN978-4-904429-14-3